塱乾 组织教练
Zhào Qián

# 自我赋能

## 认知突围的10大思维模式

贺华文 等 著

中国法制出版社
CHINA LEGAL PUBLISHING HOUSE

U0829333

## 推荐序一

《自我赋能：认知突围的10大思维模式》这本新书，已经是璺乾自2020年以来出版的第二本书。

璺乾致力于引领组织教练行业的发展，用组织教练的方式支持企业走向卓越，同时支持企业里的人更好地发展与成长。

这本书就是基于一个人的成长而来的，聚焦于个体的心智成长。

我们每个人从出生开始就接触这个世界，在各种不同的体验当中形成我们对于这个世界的认知，这个认知一旦形成，就会成为一种固定运作的模式，而且会不断地加强和自我印证。

这也就形成了一个人的思维框架，每个人都在这个框架中生活，日夜重复，无有尽头。也正是这样的模式，决定了我们看世界的视角，决定了我们为人处事的方式，也就决定了我们的性格和命运，带来人生相应的成果，这就是我们常说的一个人的心智模式。

心智模式是有层级的，可是，我们很难用准确的语言来描述每一种心智模式的层级，因为语言描述的只是一个点，不能描述一个面，哪怕尽我们所能做了一个心智模式的基本模型，也仅仅是冰山一角，让大家能有一个整体的认知而已。

我们一生中会学习很多东西，大多数的学习，都是在现有的心智模式层级之内的理解和认知，更多的可能会变成技巧和工具，而真正的心智学习升级少之又少，因为那意味着打破我们的认知框架，很可能会

“颠覆三观”（哈哈，权且这么讲吧）。

每一次心智层级的提升，无不经历一定的坎坷，甚至是磨难。有些人的内心一辈子都是个孩子，永远用不成熟的视角看世界，那就是其心智停留的层面，如果要打破这个层面，那一定需要经历大的人生变动才可。

组织教练有一个很大的作用，就是努力将这个突破学习成长过程的代价变得小一些，尽可能地以低成本（人生成本）获得这样的成长，带来人生的不同境界，从而获得更大的人生成果。

实际上，组织教练在组织层面也是如此，突破组织认知的天花板，让整个组织系统得以升级，组织能力从内核开始提升。

关于成长，很多人都沉浸在学习技能的习惯里。其实，学习再多的技能，也只能在现有心智层面上进行运用，如果提高心智的层级，则能够使技能发挥更大的效力。

心智的学习可能不同于以往的方式，不仅仅是通过老师教授或者学习概念而得到，更是需要亲自体验方能悟得，就像中国古人在《大学》中所讲：“知止而后有定，定而后能静，静而后能安，安而后能虑，虑而后能得。”

而这种“虑”是一种体验，只有经历这种体验，才能感受到心智层面的不同，而这才是学习提升心智层级的有效路径。

基于这些，本书做了思维层面的探索与分享，希望在这些分享中，能够促进读者对于“虑”的体验，以期能够提升读者的心智层级，让人生更加圆满。

在心智模式提升的过程中，一个很重要的阶段是关于自我的，这部分要从关系上开始探索。先从内在和自己的关系开始，接着到外在、他人及世界的关系，再到两个关系之间的和谐共赢。

当一个人一步步从自我的框架里面走出，再到更高维度的系统，将会体验到世界的广大和微小并存，系统的运作得以呈现，那将是一个不同于以往认知的景色，这是一个非常奇妙的旅程，每一刻都充满着惊喜。

感谢我们的合伙人、华中区的负责人贺华文，他的努力和发心成就了这本书的面世。这本书跟其他书籍出版的过程不一样，它是通过团队教练的方式，将10余位来自不同城市、不同行业和领域、彼此并不熟悉的一群教练聚合在一起，在8个月的时间里，共创完成了本书，所以出书的过程本身也验证了教练的有效性和价值。

希望这本书能够给更多的人带来助益，让更多的人看到自己的思维模式，然后有意识地提升自己，从而有可能改变思维模式，最终升级我们的心智模式，成为更好的自己，拥有更丰盛的人生。

曹柏瑞

中国大陆第一个MCC（大师级认证教练）

婴乾组织教练创始人

《中国组织教练发展十年》作者

2021年2月1日于杭州

## 推荐序二

《自我赋能：认知突围的10大思维模式》是一本推动人们建立有效心智模式的书，汇聚了10余位专业教练在实践中的智慧，对如何提升每一个人的内在心智做了很好的总结。

教练最大的价值在于激发每个人的内在智慧。我们相信，每个人都是具足的，充满了上天赋予的内在智慧。我们的身体、思维和心灵都在以它们最好的方式服务着每个人，因此，我们天生就充满了智慧。

教练也是基于这一理念，激发人们的自我发展与成长的。其中，有效的发现与利用心智模式是激发这种天赋潜能的重要手段。发展心智力也是每个人把自己的最佳人生状态发挥出来的关键因素。

我们的心智模式会直接影响我们对世界的认知，体现在我们怎样看待自己和世界，我们称之为信念系统。信念系统是我们心智模式的重要部分，我们依赖自己的这一信念系统面对自己与世界，我们的行为和情绪也会受到这种心智模式的极大影响。

正因为心智模式影响我们的行为，行为又导致了结果，于是，我们常说"性格决定命运"。这里所说的"性格"，更多地指自己对世界、对自己的看法和认知，包括内在信念、价值观、角色认定，还有与世界的关系（系统）的认知。

当信念系统帮助我们呈现最好的自己，有助于达成最佳的人生目标时，我们认为这是有效的信念系统。比如，当我们发自内心地相信"任何问题都是发展的信息”，我们便会关注指引我们发展的信号，而不是当作我的问题或是我的失败，内心会更有力量。

当我们内心的信念系统抑制我们自我潜能的发展时，我们称之为局限性信念。比如，当一个人的潜意识认为“我是一个没有资格的人”时，那他对任何想做好的事情都会感到举步维艰，甚至以失败告终。

这种心智模式是每个人在自我成长的过程中形成的，其中有的是自己经历过、亲身体验得来的观点，如“自己强大才不会被欺负”；有的是被自己信任的人教导或被教育得来的，如“学海无涯苦作舟”；也有的是自己想象、推测得来的，如“我不是当领导的材料”；还有的是看他人的经历得来的，如“不遵守交通规则就容易出事”等。

这些都是我们形成自己内在心智模式的来源，虽然并非都是真理，但我们常常非常顽固地坚守自己的想法。这些内在信念有帮助我们的，也有抑制我们获得成功与快乐的。我们是否要改变或利用这些心智模式，在于它们是否帮助我们更加成功与快乐。

在这个世界上能够获得成功与快乐的人总有他的理由，我相信其中最大的理由是他们看待自己和他人的角度，是能够发展人的天赋潜能的、是积极的。这也是一种能力，是一种通过有效的心智模式看待世界的能力。

培养和建立有效的心智模式，可以帮助人们更好地发展内在更真实的天赋才华，可以让人们更快地拥有成功与快乐的人生。

本书的每一章内容，在我看来，都是作者经过长期的教练经验总结出来的。我在多年的教练生涯中发现，有些人是天生就拥有这些对待自己和世界积极信念的，所以他们往往更容易获得成功；而有些人必须通过学习，找到自己的盲区，然后取得突破并获得成功与快乐。

本书是众多教练在实践中不断积累的新的体验，既有鲜明的观点，也有新的方法与理论，可以让我们更好地反观自己的心智模式，学习如何建立更加积极有效的信念系统。

自己的内在心智改变了，世界也就改变了。个人如此，企业也如此。

叶世夫

ICF（国际教练联合会）MCC教练

NLP（神经语言程序学）教练技术导师

《教练的修为》作者

# 推荐序三

很荣幸，我在几周前收到了贺华文教练的消息，邀请我为《自我赋能：认知突围的10大思维模式》这本书写推荐序。知道本书即将面世，甚是开心，这是中国本土的教练们又一次将教练文化践行于自身的珍贵经验。他们如此慷慨地分享给大众，让人感受到作者对传播教练文化的热忱之心！

我已从事职业教练11年的时间，亲眼见证着教练文化从几位国外老师传授课程，到现在慢慢在中国的企业和个人发展上创造积极的影响力。教练文化，就像播下的一颗种子，在中国本土慢慢生根发芽，茁壮成长，并且在各个领域展现出蓬勃的生机。您手上的这本书就是有力的证明！

心智模式是作为一名教练最为重要的，也是最擅长的工作领域。在教练的心中相信：当一个人的内在发生真正的改变，外在的改变才有可能更持久！而这个“内在”，如果我们综合一个名称，那就是：心智模式。

心智模式中包括情绪、感受、态度、信念、价值观、渴望、天赋、经验、偏好、卓越性、意图等丰富的内涵。

在工作和生活中，我们外在的一言一行，都受到内在心智模式的重要影响。因此，每个人都可以透过本书洞察自我的心智模式，同样可以选择优化自己的心智模式，从而给自己的人生来一次真正的系统升级。我相信这本书一定是您不二的选择！

现在的我，正坐在前往深圳讲授教练课程的飞机上撰写本书的推荐序。这一刻我在祖国的上空，俯视着我热爱的这片国土，体会着：如果一个人想要改变命运需要从改变心智模式开始，那么，一个国家呢？我们的祖国不是也一样正在不断更新、优化、升级自己的心智模式吗？纵观2000多年历史的车轮，中国的每一次进步、每一次变革、每一次迭代、每一次蜕变，不都是来自一个民族的心智模式的升级吗？在我们热爱的这片土地上，有一群有理想、有抱负、有责任、有担当的教练们，他们和你我一样，都正在用自己的热忱和智慧，贡献自己的一份力量！我相信：教练每助力一个人的心智发生一点点转变，他所处的环境就会受到一点点的影响。那么如果不止一个人呢？如果有100个人呢？ 1000个人呢？ 10000个人呢……我们的环境会怎样？我们的国家又会怎样？

让我们一起携手，在这个最好的时代，遇见最好的自己，一起加油吧！有一天，当你老了，你的孩子的孩子们，也许已经不知道什么是“教练”，但他们已经完全浸泡在教练的文化中，享受着这份文化给人们带来的温暖和智慧时，也许你会淡淡地露出一丝笑容，诉说你曾经为这个理想的画面贡献过自己的热血和青春！

唯恒<br>ICF认证MCC<br>ICF官方认证教练导师<br>《不可思议教练探宝地图》系列丛书作者<br>2021年4月7日17：00于飞机

# 目录

UPGRADING MINDSET

# 第1章

# 心智力如何改变我们的人生?

作者：贺华文

谁也无法说服他人改变，因为我们每个人都守着一扇只能从内开启的改变之门，不论动之以情或晓之以理，我们都不能替别人开门。

——美国作家弗格森（Marilyn Ferguson）

【本章作者简介】

贺华文，曾在500强企业集团担任企管总部部长、企管总监、人力资源总监、总经理助理等管理职位。2018年，因为找到了自己的人生愿景和使命——“用爱和相信，支持和陪伴更多的人成为更好的独一无二的自己，支持更多的组织获得更大的成功”，毅然放弃了高管职位和丰厚待遇，成为职业教练和教练事业的创业者。

同时，他也是墨乾组织教练合伙人兼华中公司负责人、ICF认证PCC教练（专业教练）、CCF（中国教练联盟）认证高级教练及考官、NLP国际认证执行师、中南财经政法大学MBA校外导师、武汉华夏理工学院客座教授、高管教练、团队教练及领导力教练，累积授课超过1500小时，教练时数超过1000小时。武汉疫情期间，联合墨乾组织教练、埃里克森公益教练、心理咨询机构，为上百人提供了公益教练服务，支持企业和个人在疫情期间调整状态，积极面对生活和事业的挑战。

## 什么是心智力？

2018年3月，我结束了人生的第一份也可能是最后一份打工的工作。

很多朋友问我：在这家公司工作了14年，从毕业就进去，从零开始做到人力资源高管，还参与了这家公司从创业到快速发展再到上市扩张的过程，职位和收入都有了，就这样离开，是因为什么？

刚开始，我不愿意直接回答这个问题，担心说出来，很多人不仅不能理解，反而会觉得太虚，不接地气。

后来问的人多了，我会告诉他们：因为我找到了自己的价值观和人生使命。我想做我认为更有价值的事情，“用爱与相信，支持和陪伴独一无二的我成为更好的自己，助力个人和组织真正的成长和发展”。我想把这当作下半辈子的事业去做，做的过程也是修炼自己的过程。

没想到，很多朋友听了，不仅没有笑话我，反而表示理解和认同。

但是，他们也会好奇地问：本来在企业就是做HRD（人力资源总监）的，可以在企业做这个事情，为什么一定要成为一个创业者和职业教练呢？

不得不说，这的确是一个好问题。或许这里面有我的执念，再或者我觉得离开企业，可以围绕我的使命，做更多的事情，支持更多的人和组织，而不用受太多的束缚。

正是因为一直从事人力资源工作，我会特别留意很多人的成长发展轨迹。为什么有的人成长快，有的人成长很慢？有的人在职场上如鱼得水，有的人却举步维艰，甚至被淘汰呢？

2013年，我劝退了一名员工。他2004年进入公司，比我还早1年，也算得上是我的前辈。可是2009年我已经做到高管，他还是普通员工，而且在2012年成为我的下属。无论在情绪状态还是专业能力上，他都停留在很多年前的水平，还比不上刚入职1年多的新员工。

但他似乎并没有觉察到自己的状况，也没有改变的意愿，只是固守着一份安稳的工作，这种状况持续了三四年。虽然他业绩不好，之前的领导也都因为他是老员工，没有特别处理，所以他就一直在低迷的状态中安稳地过着日子。

我找他谈过很多次，感受到他内在的焦虑、恐慌、自卑，但是又缺乏改变的勇气和决心。那时候我没有太多的能力为他赋能，但是，我想必须做些什么，让他离开现在的公司或许是一种激发他更好的方式。所以，2013年，我建议他离开公司，他接受了这个建议。

那个时候，我只知道中国有句古话："树挪死，人挪活。"我相信，这种短暂的痛苦变化，或许对他来说是一种更好的选择，能够激发他内在的能量，让他获得更多的成长。

在我过去的管理生涯中，我招聘了很多人，也培养了很多人。有的现在已经是集团高管，有的还是普通员工；有的找到了自己的职业定位，做着自己喜欢的事情，有的还不知道自己究竟要做什么，依然还在迷茫；有的创业后有了自己的公司，还有的误入歧途，下场惨淡。

我时常会问自己：什么才算真正的成长？如何才能实现真正的成长？是什么影响和改变了我们的人生？

### 1.成长是一个有层次的系统

很多人以为学知识就是成长，参加培训就是学习，提升技能就是成长的核心。其实，这些外在的东西，都只是成长中很小的一部分，对人的发展和影响程度有限。

真正的成长是一个有层次的系统，而这个系统的高层次都是关于内在成长的（如图1–1）。

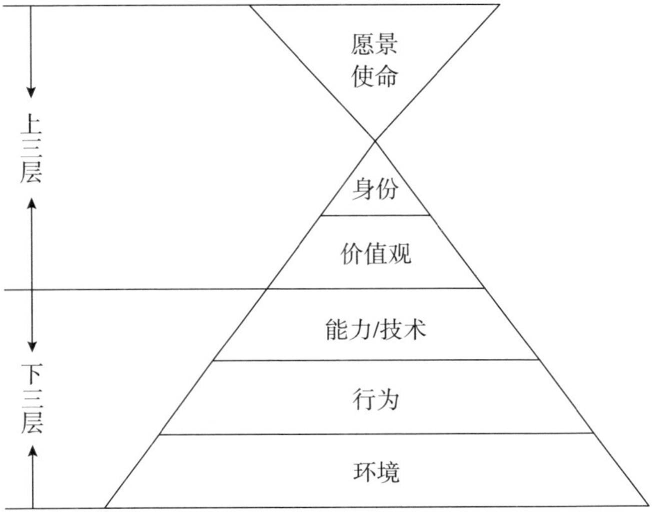


**图1–1　成长系统**

这个层次分为下三层和上三层。下三层的成长更多的是外在的部分，是显而易见的，容易去把控的。我们花了很多时间去学习知识明晰事理、强健体魄保持健康、培养好的行为习惯、提升各项技能以满足工作和生活的需要，这些方面的成长，都是最基础且至关重要的。最常见并有效的方式，是各类线上线下的课堂学习和训练、实践锻炼、交流考察等。

所以，想在下三层方面有提升，只要我们有强烈的意愿，并真正投入进去，通常是比较容易获取的。这些投入支持我们拥有不错的职业发展和舒适的生活，但并不足以提升我们生命的品质，获得更大的人生成功。

很多次在课堂上，我都会问学员一个问题：如果用1—10分来评估，你认为自己的能力发挥了几分？

有意思的是，大部分学员的答案都在6分或以下，8分以上的比例不足10%。所以，我们花费了那么多精力和费用在下三层的外在成长上，却不能把能力充分发挥出来，是什么限制了我们呢？

这需要在上三层的内在成长中找答案。我们能看到，各行各业优秀的成功人士，他们之所以成功，并不在于他们的学历有多高、知识有多丰富、专业能力有多强。比如，目前中国的几位知名企业家：任正非、马云、马化腾等，他们都有清晰的商业使命和愿景，清楚地知道自己为什么要做这个事情，这个事情对他的价值和意义是什么，他希望为别人、为社会带来些什么……

而这些都是关于上三层的“价值观”“身份”和“愿景使命”的，都是关于内在成长的部分。

**价值观是我们秉承的正向积极的信念，是内在的指引，影响着我们内在的状态，是生命的动力源泉；身份是关于自己生命的定位；愿景使命是更高层次的目标。**

这些并不是天生就有的，也不是通过学习就可以获得的，而是生命内在成长的独特结果。而且，这份内在的成长需要在实践中反思、带着觉察不断地探索并形成，再回到现实中不断地修炼，最终实现知行合一。

我时常回想自己的成长之路，很幸运地在2018年清晰了自己的价值观，找到了愿景使命，也经历了下三层和上三层的成长，而且充分感受到上三层内在成长的力量决定了下三层的成长速度和价值发挥。

在我的学生时代，父母可能工作繁忙或者根本不懂得如何教育孩子，所以他们只会照顾我的衣食住行或只是告诉我，“只能靠自己”，其他的基本“不管不问”。

如今我成为父母，很庆幸当年父母对我的“不管不问”，让我有了更多的自由意识，不仅没有成为“坏孩子”，而且一直都是“学霸”。

因为没人对我提出要求，所以在我很小的时候就会问自己：学习是为了什么？

小学六年级，我清楚地知道，学习可以改变我的命运，可以给我带来成就感和满足感，这是我想要的。所以，我会给自己制订详细的学习计划，做总结后不断改进，直到我考上理想的大学。

接着，我又会问自己：大学毕业之后，要做什么？想要什么样的生活？如何利用大学时间填补能力上的空缺？

大学毕业后我进入公司，一做就是14年。我的收入和职务不断提高，能力也在提升。但是，我并没有强烈地感受到内在的丰盛。

这期间，我也在反复问自己：这究竟意味着什么？工作、事业、人生的意义是什么？我真正想要的是什么？直到我找到这些问题的答案，开始了新的人生。

如今，我成为职业教练，在支持和陪伴客户的同时，也是一份自我内在成长的修炼。所有以前的同事都说我现在状态比以前更好，我想这都源于内在成长的力量。

所以，内在成长和外在成长并不成正比，跟职务高低、学历高低、拥有财富的多少没有关系。这就是为什么物质丰富的家庭却不一定幸福。

相反，内在成长会决定外在成长。比如，如果我们内在有很多限制性理念，有太多的“不可能”，那么我们就看不到更多的可能性，就不会有动力去尝试和创新，就会限制想象力，在能力和行为上不会有太大的提升和改变。

现在对于我自己的孩子，我很少去盯着他写作业，只是支持他找到学习的目标。我会问他：你想成为什么样的人？如何成为那样的人？想通过学习得到什么？……不要只问一遍，而是要反复地问，几十遍、几百遍甚至几千遍地问。

当然，找准合适的时机问出来，这个很重要。这种方式也在日本哲学家岸见一郎的《不管教的勇气》一书中得到验证。

他提出“必须平等地对待孩子”“要相信孩子”“帮助孩子靠自己的

判断决定人生”……这些都是我认为能够真正支持孩子内在成长的方式。当然，父母首先要实现自己内在的成长。

### 2. 更深层次的内在成长是心智的跃升

前面提到的成长是一个内外兼备的有层次的系统，而且内在成长比外在成长更加重要，却往往容易被忽视。更重要的是，大多数人不知道如何实现内在成长。

**更深层次的内在成长是心智的跃升，心智力是心智模式呈现出的力量。只有不断升级我们的心智模式，它才能带来更多的可能性，才能提升生命的境界。**

心智模式分成8个阶段，分别是魔幻心智、以我为尊、规划主导、自主导向、内观自变、无我利他、自他合一、悟入智慧（如图1–2）。

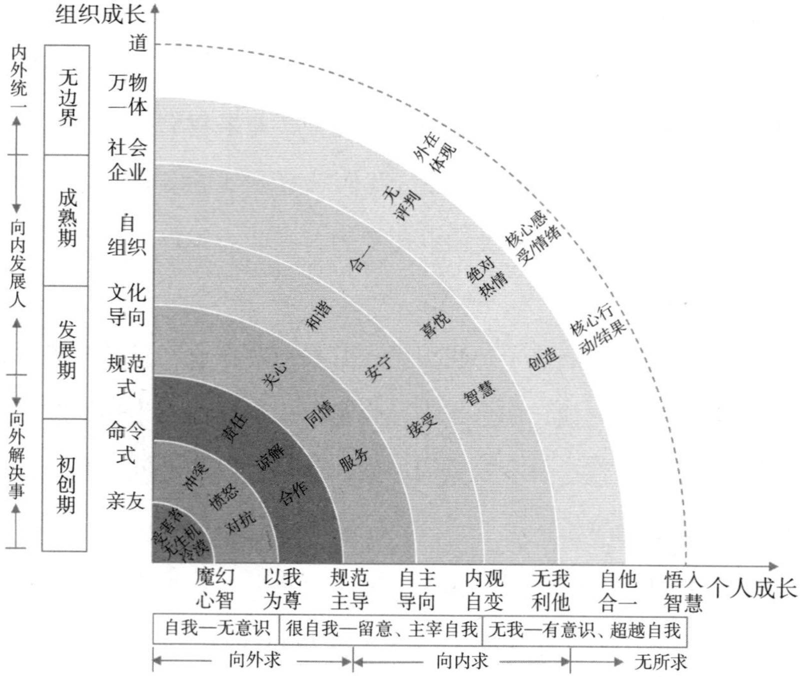


**图1–2 心智模式阶段**

**魔幻心智：**一般从出生到4岁左右，处于这个阶段。最大的特点是“变化无常”“喜乐随意”“捉摸不透”，而且一切言行看起来毫无逻辑可言，让人猝不及防，永远无法预估他下一步会做什么。

**以我为尊：**随着年龄和阅历的增长，以及接受了一定的教育，大部分人的心智会跃迁到“以我为尊”的阶段，但每个人所花的时间长短不一。

心智与年龄没有必然的关系，年龄增长不代表心智会跃升。“以我为尊”阶段的人只相信自己，认为自己就是中心，自己才是对的，不能听取别人的建议，更加不能接受被挑战。

通常，这一类人会表现出“保守”“固执”“封闭”等特征。他们在任何时候考虑问题的出发点，都是对自己有什么好处。在这种心智模式下，他们很难理解所谓的换位思考，习惯于站在自己的角度去思考问题。

他们在企业里，无法看到企业的长远发展以及整体发展对他个人的影响，只愿意也只能够理解当下的利益。如果他们是管理层，通常情绪不稳定，很容易发火。发火的核心原因是他的团队或者下属没有达成他心中的想法，没有满足他想要的那份价值。他所有的出发点都以自我为核心，很少考虑别人怎么看。

**规范主导：**随着年龄的增长和不断地接受教育，我们开始对世界有了是非对错的判断，开始去往“规范主导”的心智。

这一阶段最大的特点是，做任何事情都讲究逻辑、标准、理论，总是试图选取最好、最科学的方法，认为专业度是最重要的。“规范主导”阶段的人认为世界是二元的，好的、坏的，对的、错的，黑的、白的，只有两个，没有中间地带，而且难以接受中间地带。当他们遇到挑战时，第一个问题往往是：什么是对的？他们只有看到了才会选择相信。

这种心智模式还有一个最大的特点叫“崇尚权威”。他们经常会问：

专家是怎么说的？老师是怎么说的？

恐惧是“规范主导”阶段的人面临的最大障碍。他们在遇到挑战尤其是面对未知时，非常容易纠结。如果不用逻辑理论和别人做过的东西证明给他们看，让他们感觉安全，他们往往很难做出选择，面对未知的时候也很难迈出第一步。

**自主导向：**心智模式再前进一步就到了“自主导向”阶段。这一阶段的人，最大的特点是：他拥有非常清晰的内在的愿景使命和价值观或者坚定的目标，并依此去做选择。同时，他也能够真正换位思考，懂得站在不同人的角度，思考不同人的视角，尊重不同人的选择，听取不同人的建议。

在这种心智模式之前，前三种心智模式最大的特点是所有的事情都是向外求的，都是别人可以给他什么，别人证明给他看，他才会相信；而从“自主导向”这种心智模式往后，全部都是先向内求的，不再向外抓取，选择相信并去做到。

**内观自变：**这一心智模式最大的特点是内心强大，有格局观和系统观。这种心智模式的人，在发生任何一件事情的时候，都不会掉进细节中，而是通过细节看到整体的系统，能够很清晰自己的每一个决定在整体系统中，会对整体系统带来怎样的影响。

**无我利他：**这种心智模式最大的特点是，他做的所有努力和工作，都不是为了自己，也不是为了自我实现，而是为了帮助更多的人和成就更多的事，是在践行一份社会责任，而不单是为了某一个人。

“**自他合一**”和“**悟入智慧**”心智模式的人非常少，他们往往参透了生命，达到“开悟”的境界，已经很难找到合适的词语来形容他们，类似于中国古人说的“圣人之道”，这里就不过多阐述。

有人会问，如何改变我们的心智模式，提升心智力呢？

从“魔幻心智”到“以我为尊”再到“规范主导”，常见的、有效的学习成长技术，包括培训教育、咨询指导、实践锻炼、参观交流等；但是，从“规范主导”趋向“自主导向”再往后到“内观自变”“无我利他”，这些方法往往无效，因为没有老师可以教我们，因为这些都不是学来的，必须拥有一定的觉察力，再加上实践才能磨炼出来。

到目前为止，最有效的支持我们的心智模式成长到“自主导向”阶段的方法就是教练。

## 提升心智力的关键——升级10大思维模式

改变心智模式、提升心智力是非常复杂和艰难的。那么，对于普通人而言，应该从哪里开始呢?

对于这个问题，我在过去16年从事组织和人才发展的实践中不断思考和探索，也向很多国内外的专家学习相关的理论，和他们交流具体如何做到。

通过不断学习、交流、实践和观察研究，结合自身内在成长的体悟，我**总结出普通人提升心智力的关键：从建立10大思维模式入手，可以帮助我们实现内在成长，通过外在行为模式的改变，从而改变我们的人生。**于是，我邀请邹培芫和江涛两位教练，共同发起，并在中国教练圈里集结了10多位在这方面有体悟的教练，我们用团队教练的方式激发大家的智慧，汲取每个人在职场、家庭、情感等方面的故事和背后的思维模式升级，用最真实和真诚的文字呈现给大家。

思维模式是心智模式的外在表现，而行为表现又被思维模式影响和控制，所以，**从建立更有效的思维模式去改善我们的行为，通过思维模式的不断升级迭代去影响心智模式的成长，逐步提升我们的心智力，就**

**变成可能的方式之一。**

图1–3就是改变我们人生的10大思维。其中，第1种到第5种思维是关于我们如何处理和自己的关系，第6种到第10种思维是关于我们如何处理和世界的关系。当我们和自己、和世界的关系处理好了，才能真正实现内在和外在的同步成长，会让我们看到更多的可能性，去创造不一样的人生。

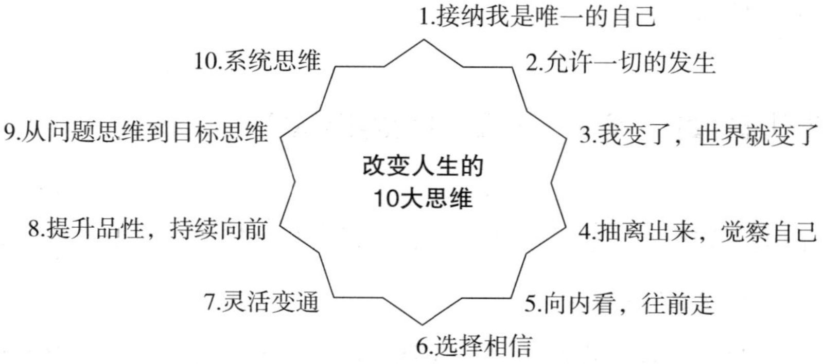


图1–3　改变人生的10大思维

**第1种思维：接纳我是唯一的自己。**我们来到这个世界，并不是完全一无所有。我们带着生命进化的沉淀，带着前人的智慧，带着自己独特的基因，所以每个人生而不同。但是，社会的评判规则会将我们与周围的人或者所谓的标准做比对，会无形中掩盖我们的独特性，以至于我们会怀疑自己，不接纳自己。自卑、恐惧等情绪时时出现，阻碍我们的成长和发展。

只有看到自己的唯一性，唯一的性格、价值观、内在天赋等，才开始接纳自己的独一无二，我们存在的价值不需要证明给任何人看，只需要活出自己最好的生命状态，这一刻我们的成长就真正开始发生。

每个人都需要接纳自己，这无关自身的好坏。接纳本身就是一种勇气和力量。我的朋友车静教练在这一章节中，不仅用自身成长的故事告诉我们，在接纳自己后她的人生发生了什么样的转变，还系统地整理了对每个普通人都适用的方式和方法，让每个人都能够学会接纳自己，成为更好的自己。

**第2种思维：允许一切的发生。**如果说接纳是改变的起点，那么接纳最直接的影响，是我们会给自己更大的空间，开始可以做到“允许”，允许一切的发生。

我们来到这个世界，所有的人和事都是来修炼我们的，都只是帮助我们的生命变得更加丰盛。所以，无论是开心还是悲伤，无论是顺境还是逆境，无论是健康还是病痛，无论是正确还是错误，无论是成功或失败……不管我们愿不愿意，一定都会发生。

只有经历了世间的痛苦，才能体会真正的幸福。我们可以做的不是阻止它发生，而是欣然允许，或许那些发生的一定有其必然性，亦即“因果”。允许了，才能更好地看到背后的“因”，我们才能更好地前进。

舒涵是一个有灵气、有个性和有独立思想的女性，她的家庭、工作、婚姻曾经都遇到过问题。她学会了放下对外在的期待、允许一切的发生，然后继续向内修行。她活出了自己想要的人生状态，她的故事或许对我们有借鉴意义。

**第3种思维：我变了，世界就变了。**小的时候，很多人都有一个“改变世界”的梦想，长大后，我们发现改变世界远远比想象的复杂，我们可以做得非常有限。

于是有的人开始“自暴自弃”，找不到自己存在的价值和意义；有的人还在不断追求，如何去改变社会、改变别人；还有极少的人，开始真正懂得，我们改变世界的唯一方式是改变自己，“我变了，世界就变了”。

这个世界由每一个小我组成，任何人都可以改变，但是都不可以被改变，真正改变的前提是“我愿意”。

绝大部分的人和事，都不是我们完全可控的，但是只有我们自己可以控制自己。

例如，我们想让下属有好的业绩表现，一味地定目标、提要求、考核、奖惩，效果却甚微。但是，如果我们调整自己的管理方式，改善和下属的关系，相信下属的潜能，并能够有效地激发，改变就会自然发生。

我们改变了对世界、对人的看待方式，从自己出发，转换信念，就会看到不一样的世界。世界因为我们带上了不一样的“眼镜”，会呈现出更多的色彩。

改变自己，其实是心智模式从“规范主导”到“自主导向”的升级。当我们形成前两种思维之后，焦点开始向内，“向内求”变得可能。但是如何真正做好，培芫老师在书中告诉我们的ABC理论，以及一些强有力的教练式问题，能够给我们带来新的思考和改变。

**第4种思维：抽离出来，觉察自己。**人类发展的过程，也是自我认知的过程。在所有的关系中，最重要的关系是处理好自己与自己的关系，但是我们经常会“身在庐山中，不知真面目”。因为投入其中，而无法看到自己每一个当下的行为、情绪、思维等，由于“无法看到”，就可能被其控制，成为无意识行为。

但是，如果我们可以从“投入”中抽离出来，就能看到完整的自己，如果我们带着觉察，看到自己内在层次的模式、信念等，就有可能掌控自己，去有意识地调整和改变，从而建立新的模式。

如何抽离？如何提升觉察力？这是大部分人不具备的能力，而且通过传统的课堂学习并不奏效，而教练式的自我发问，在实践中的复盘与反思，却是非常有效的方式。

在这个章节中，余云老师告诉我们如何真正做到抽离出来，觉察自己，她还详细讲解了传统的思维模式和新的思维模式的转化方法。

**第5种思维：向内看，往前走。**当我们真的形成了前面的4种思维，就开启了“向内求”，就走在心智模式成长的路上。

在内看、内求的同时，我们需要面向未来，即便过去有遗憾、有创伤、有问题，仍然可以把它们“打包”放在一边，不去处理它们。我们依然可以找到自己的目标，并有能力去实现它。在朝着目标向前走的同时，那些过去的“包袱”已经不再重要，有的或许已经卸下，有的早已封印在历史的长河里，我们已经成了未来的自己。

碧安卡教练撰写的这一章是对前面4大思维的总结、深化和收尾，让我们重新整合了前面4大思维，最终归结出成长的法门就是“向内看，往前走”，这也让我们对成长心法和实践的方式，有了更深刻的理解。

**第6种思维：选择相信。**很多人会说：我只有看到了才会相信。听起来很有道理，可还有很多人看到了，依然不相信。但是，优秀的人更多是“因为相信，所以看到”。

相信是一种力量，也是一种选择，当我们不再以“非对即错，非黑即白”的二元思维看待世界时，会看到更多可能性，而把“可能性”变成现实，是因为我们发自内心地相信它。这个时候，我们可以激发潜能，调动资源，对自己的行为真正负责。

选择相信也是看问题的视角，是一种积极的人生态度；选择相信更是修炼内心，使自己真正强大的方式，敢于义无反顾地为相信付出，并承担结果。铁红老师在书中分享了她的故事，告诉我们如何做到相信父母爱的力量、相信成长的规律、相信“相信”的魅力。

**第7种思维：灵活变通。**在这个VUCA（易变性、不确定性、复杂性、模糊性）时代，一切都在变化中，其速度超出人们的认知，很多东西变得不可预测。我们可以做的就是更好地迎接变化，然后随时做出调整，灵活应对所有的可能性，这样才有可能保持更加从容淡定的状态，与世界和谐相处，同步成长。

灵活变通，还体现在敢于尝试，并对尝试的结果抱持开放的态度，“有效的就重复，无效的换一招”，直到实现我们的目标。

要做到灵活变通，曾华教练在书中提到“两步法”——第一步：放弃固有的习惯与模式，于不可能中创造出可能；第二步：释放生命的弹性、韧性与活性，让生活更有掌控力。我认为这些方法都值得践行。

**第8种思维：提升品性，持续向前。**有一天，我的爱人问我，觉得孩子对我的意义是什么？我说是成长，他们教会我如何成为一个好父亲，也教会我如何更好地修炼自己，让自己变得丰盛。

其实，反过来，我们对于孩子的意义，又何尝不是这样呢？生命的过程，其实是成长自己，为他人付出的过程，我想这就是生命的意义。

这一章节的作者张冠波通过讲述与父亲的故事、与爱人的关系、事业的发展三个部分，让我看到他从未停止的思考和探索给他带来的持续成长和发展。所以，每次和他沟通，我都能够感受到他内在的尊重、支持和充满爱的力量。

**第9种思维：从问题思维到目标思维。**这是我个人认为在事业上获得成功最重要的思维之一。

有一次，我给一个客户做教练，他想探索自己有哪些不足，这样就能够弥补这些不足，获得职业上的成功。

听起来这个逻辑非常有道理，我也支持他往这个方向去探索，而他也真的找到了自己的不足，觉得有收获。但是，我能觉察到那一刻他的能量是比较低的，所以，我问了一个问题：如果我们不去找自己的不足，而是直接探索我们真正想要的是什么，那会怎么样？

他沉默了20秒。我相信对于他来说，这是很漫长的20秒。然后他说：

“贺教练，我突然明白了，我应该更多地聚焦在自己的目标上，花更多的时间去想如何达成目标，这比找自己的问题更有价值……太感谢了……”我听到他的语气中带有突然觉察后的兴奋和坚定。

所以，当我看到很多人陷入自我否定的沮丧，或者试图通过找问题来解决问题的时候，我会问他们：如果我们从问题思维转化到目标思维，会有什么不一样？通常，他们都会觉得像是给他们打开了一扇新的大门。

心理学家研究发现，当我们投入大量精力在分析问题、找寻问题根源的时候，内在会感受到大量的压力，能量会持续走低，没有太多的能量可以创造性地解决问题。而且在今天瞬息万变的时代，过去的经验对于解决未来的问题未必有效。美萍教练在这一部分深入浅出地告诉我们问题思维的Bug（漏洞）、目标思维的价值，以及她在事业上如何真正做到目标思维，从而获得更多的成功。

**第10种思维：系统思维。**这是最后一种思维方式，也是我认为可以整合这本书所有内容的一种思维方式。

我们身处各种不同的系统中（世界、社会、家庭、企业等），而一个人的自身也是一个系统，虽然有作为人的共同性，但每个人依然是独一无二的系统，包括各种不同的行为、信念、模式等，只有整合起来，全面立体地去运转，才有可能发挥系统整体的最大价值，这背后本身就是系统思维的体现。

刘茵老师在这一章节中详细介绍了什么是系统思维，更重要的是讲述了自己如何将系统思维运用在事业发展、学习成长、家庭关系的方方面面。这里面甚至可以看见前面9大思维的呈现，还有些理论和观念与我这个章节中的内容不谋而合，也算是首尾呼应，形成一个整体的圆满吧。

对，就是“圆满”，这个词在不经意间从我的大脑中出现，真是恰逢其时。

在我即将结束这个章节，为大家开启真正的“10大思维”修炼之旅时，**“圆满”不仅仅是一个美好的祝愿，也是我们的目标，更是我们拿起这本书，提升心智力、改变人生的起点，也是每个人的生命可以达到的终点。**

那就让我们一起来修一个大大的圆！

## 成长百宝箱

### 贝克哈德改变方程式

贝克哈德改变方程式：$D \times V \times FS > RC$，即对现状的不满（或者更大的欲望）× 对未来的愿景 × 第一步行动>改变的阻力

贝克哈德改变方程式是理查德·贝克哈德和戴维·格雷彻共同提出的，说明一个人要真正发生改变，跟D、V、FS和RC有关系。为什么我们“懂得了很多道理，却依然过不好这一生”，就是因为改变没有发生，因为D、V、FS三个因素的综合力量小于改变的阻力（RC）。所以如果想真的改变自己，我们需要做到：

（1）有强烈的改变现状的意愿或者有更大的追求，并找到它，明确它，时刻提醒自己记住它；

（2）探索并找到属于自己的清晰的、以核心价值观为基础的人生愿景和使命，而这一定是让我们兴奋并充满力量的；

（3）拟定清晰的、可行的计划，并真的迈出一小步；

（4）有了以上三个方面，并不代表改变一定发生，还要时刻关注他们的合力是否足以超过改变的阻力，改变的阻力有很多，有客观的环境，但更多的是内在的障碍，如害怕失败、害怕对别人产生影响等。

改变是一个长期的持续过程，以上的四个因素在不断此消彼长，不

断地变化和影响着我们，改变因此变得更加复杂和充满不确定性，因此，最好的方式是有一个人能够时刻提醒我们，并让我们看到自己每一个当下的状态，同时可以激发我们的潜能，克服阻力、战胜障碍，而这个人最有可能是教练或者类似的角色，他支持我们成为自己生命中的灯塔，释放内心的温暖和力量，陪伴我们不断前行。

UPGRADING MINDSET

第2章

# 接纳我是唯一的自己

作者：车静

爱，是深深的理解和接纳；没有接纳也就没有爱。

——美国人本主义心理学家罗杰斯

【本章作者简介】

车静，安徽人，现居深圳。20世纪90年代初，从一名国企的纺织工程师下海深圳，在这片热土上从销售精英成长为创业者，经营企业15年。现在坚持践行教练成长之路，在自我成长的同时，分享成果，结伴同行。骨子里流淌着坚韧和向前的力量，擅于洞悉细微，有系统思维，与人为善，接纳所有的发生，有时也有些许较真。在历经各种人事兴衰之后，仍然坚守善良，并且相信自己是自己的主宰者，拓宽心智是成长必经之路！

古希腊哲学家苏格拉底在风烛残年之际，知道自己时日无多，就想考验和点化一下他那位平时看来很不错的助手。他把助手叫到床前说："我的蜡所剩不多了，得找另一根蜡接着点下去，明白我的意思吗？"

"明白。"那位助手赶忙说："您的思想光辉得很好地传承下去……"

"可是，我需要一位最优秀的承传者，他不但要有相当的智慧，还必须有充分的信心和非凡的勇气……这样的人选直到目前我还未见到。帮我寻找和发掘一位好吗？"苏格拉底慢悠悠地说。

"好的，好的。"助手很温顺很尊重地说，"我一定竭尽全力地去寻找，以不辜负您的栽培和信任。"

苏格拉底笑了笑，没再说什么。

那位忠诚而勤奋的助手，不辞辛劳地通过各种渠道四处寻找。可他领来一位又一位，总被苏格拉底一一婉言谢绝了。

半年之后，最优秀的人选还是没有眉目，助手非常惭愧，泪流满面地坐在病床边。

苏格拉底不无遗憾地说："本来，最优秀的就是自己，只是不敢相信自己，才把自己给忽略了，给丢失了……"话没说完，一代哲人就永远离开了他曾经深切关注的这个世界。

让苏格拉底永远遗憾的是什么？是他非常器重的助手没有学会自我接纳。

其实，每个人都是最优秀的，差别就在于如何认识自己，如何发掘和重用自己。

现代人对于接纳的理解是，我允许以客体的身份，以自己独特的结构存在，不代表接受，也不代表同化。这既是允许的，也是有界限的。不管我们喜不喜欢，能不能去接受，都要勇敢地允许它的存在。

一般来说，对于外在对象的接纳，相对在允许和界限上容易处理，而对于自我的接纳，却是多数人的难题。

自我接纳是指个体对自我的一切特征，采取一种积极的态度，包括对身体形象、自己的情感、态度、信仰、价值观和身边的人及自己所处环境的适应与接受。简言之，就是能欣然接受现实自我的一种态度。

自我接纳包含两个层面的含义：一是能确认和悦纳自己的身体、能力和性格等方面的正面价值，不因自身的优点、特长和成绩而骄傲；二是能欣然正视和接受自己在现实中的一切，不因存在的某种缺点、失误而自卑。

**自我接纳是在社会文化及环境的影响下逐渐形成的，是健康心智的一项重要标准。**

这里的自我也称自我意识，是个体意识发展的高级阶段，是一个人对自己行为、能力或价值观的感受、态度及评价。它是人类在进化过程中的演化物，也是马斯洛需求层次理论中“自我实现”的特征之一。

马斯洛在描述自我实现的人格特征中写道：

1. 能接纳自己和他人，不会为自己或他人的缺点所困扰或感到内疚与不安。他们能坦然地接受自己的现状，包括自己的需要、水平、愿望，同样也宽容地对待他人的弱点和问题，从容地生活，很少使用防御机制。

2. 自发、坦率、真实。他们能真实地对待自己的感情，并坦诚地说出自己的感受，不掩饰自己，自然而单纯地表现自己。

自我接纳是自我认知结构的一部分，是形成人格的重要因素之一。马斯洛认为：**自我接纳就是自发地接受自我、接纳他人和世界本来的样子。**

然而，现实中有一些人明明脸蛋漂亮、身材修长，却还不断地整容整形；明明已在大企业身居要职、收入不菲、事业有成，却依然感到自己低微渺小，这些都是因不能自我接纳所致。

人们越是感到社会不接纳自己，负面情绪就越严重，幸福感就越低，内心也会因此没有力量和生机，对世界和他人也难以接纳。

多年以前，在改革开放之际，作为最早的弄潮儿，我来到深圳，从国家干部变成创业者。

在经营企业的日子里，我日夜忙碌不知疲倦，成就斐然，在工作中大家公认我是个有能力的人，对于事物的看法很清晰，这让我在工作中省了不少力气，总能高效漂亮地处理好各种难题，尤其是和人打交道的事情，以至于伙伴们在工作和生活中有难题时，都会来找我想办法。

我也自认为是个能力超强的人，自然少不了无意识地自我表现。完成一件事情之后，在一片赞誉中自然地表露出沾沾自喜，在这样的循环里乐此不疲。但是，一旦有自己觉得没做好的地方，就会沮丧失落，心里过不去，渐渐地发现自己对自己的不允许，要求百分之百的模式让自己很受困。

日子就这样重复着，8年之后，我终于感到无趣和乏味。

在不断重复忙碌的间隙中，我常常会问自己：我是谁？我在做什么？我要做什么样的人？

这样的拷问一直萦绕着我，可是答案要从哪里找呢？

## 曾经的我坚信——我是最强的，不能做不到

深圳的夏日晴空万里，车窗外阳光普照，车内我和先生正讨论着工作，这是我们惯有的节奏。

我们共同经营企业，算起来已经有12个年头，每天白天在各自的办公室里忙得不可开交，晚上回家在孩子面前又不适合谈工作，只能在开车上下班的路上了，这段短短的时间和距离就是我们会晤工作的时间和空间。

当然，吵架也只能在这里，在公司要做模范夫妻，是不可以有冲突的，这是我暗暗给自己定的条例，而且一直坚守得很好。这一点同样得到周围人的赞誉。

一个夏日的傍晚，在回家的路上，我不经意间想起小罗的事。

小罗是一位合作伙伴，我们正在谈新的合作。上次谈到了操作细节，下一步就要开始行动，参与项目的伙伴们也都达成了一致意见，可是好几天了也没见后续动静。

我嘀咕道："小罗的项目怎么没见进展？前些天他还挺着急的！"

先生不假思索地回答："他对你没信心。"

瞬间我火冒三丈。这跟我有何干？一个项目如何决定、如何取舍，难道只取决于我吗？他不干了，我有错吗？再说向来自信的我，需要别人对我有信心吗？

想到这里，我以最高的音量吼着说："我不需要任何人对我有信心！不—需—要！"

咆哮之后，我立刻有所觉察：听起来我说的话掷地有声，内容里是自信爆棚。可是，我表现出来的为什么是怒吼，而不是平静的状态呢？如果我真的很自信，真的不需要用别人对我的信心来印证，我该是平静的啊！这个自相矛盾、说的和做的不一致的行为，到底是怎么了？

于是，这些问题在那些日子里天天萦绕着我，一直持续了两年，一想起这件事我就感到生气。

直到两年后，在一次我的教练过程中，议题就是这件事。

一个伙伴向我提出了一个简单的问题："你生气的是先生说了这话，还是他口中说的那个你？"

乍一听，这个问题让人有点懵。我确认了问题之后，开始沉思：是在乎先生说了我吗？似乎不至于生气这么久吧！那么，是在意他口中说的那样的一个我吗？是，是的！

自认为优秀的我，从来不允许自己有缺点。在我的内心里，我自认为我应该是没有缺点的，我应该是完美的，不需要任何人认可，有自我认可就够了，就可以天下无敌了。

我是那么在乎我的完美性，无法容忍任何的质疑，一旦有点不同的声音，就会引起我激烈的情绪。我从来没有想过我只是个普普通通的人，也从来不允许有半点瑕疵，总是活在自己无意识的精致和完美中。

因为那时的我不允许自己有瑕疵，所以任何一个小小的质疑，甚至并非事实的质疑都能打倒我，击破我内心的玻璃保护罩，让我不安、让我怒吼。

虚幻的完美像炫彩的肥皂泡笼罩着我，美丽却不堪徐风吹来。这么多年来，我居然都是这样的，只能在和煦的阳光中待着，却不能面对风雨。

曾经我以为自己真的完美，也以为大家都该这样完美，就会以这个标准要求其他人，不论是谁，都以完美去对标。

在面对下属工作时，我特别苦恼于为什么他们这也想不到，那也做不到？这些都是多么容易的事啊！

因为常常找不到答案，我只能归咎为他们不用心、不努力，却从来没能意识到他们不是完美的模具。就像没有意识到我就是我，一个普通人而已，肯定有缺点，肯定不完美，因而可以允许出现错误，允许有瑕疵和纰漏。只要不是主观故意，客观存在的问题是不可避免的。

环顾身边，和我一样罩着美丽肥皂泡的人比比皆是。任何一个外界的信息，都可能成为刺破肥皂泡的那根羽毛。很多人活得脆弱又辛苦，总是极力想保护自己那层蝉翼般的外壳。

因为自认完美，就想要取得成功，但对于成功到底是什么却没去想过，只是下意识地一味投身工作。

那时的我，身心都被困在工作当中，即使回到家里，脑子也还在工作上。生活和工作不能自如切换，生活完全被工作侵占。

我总认为工作上的出类拔萃才是我的个人标签，总认为如果工作上没有成就，就是一败涂地。要取得成功的信念，一直占据着我的全部身心。

在我的信念里，从来没有规划过生活该是什么样子的，以至于生活能够被任意地忽略，被任意地覆盖。无论在任何时候、任何环境下，只要是工作，都是合理的。

现在看来，这样的信念显然是错误的。可是，就是这样一个显而易见的错误，在当时的迷雾当中，自己却浑然不知，而且越行越远。

记得家里的姑姑曾对我说："你要合理安排生活，每年全家抽时间出去旅游，出去走走，放松一下自己。"

那个时候，我对于这样的建议嗤之以鼻，心里想：我是有事业的人，我是要成功的人，我是要有成就的人，怎么可以那样逍遥自在呢？不可以！

在一定要成功的信念下，日子一直这样延续着。但是，在追求成功的"生活"里，自己也会有纠结，觉得顾不上孩子，心里也被撕扯得难受。

可是，即便这样，也没有阻止和改变我在成功路上不断向前的步伐。我依旧艰辛地奔着自己的成功而去，依旧活在自己强大的追求成功的信念里。

一个人在那些强大的信念支撑下，也许会有一些能量发生。记得在那十年经营企业的过程中，我竟然没有生过病。偶尔有些小小的不舒服，自己也能咬牙扛过去。

为什么会这样？也许我不允许自己生病，也许我的身体已经变成一部工作机器，不知道病痛，不知道酸甜苦辣和喜怒哀乐。

现在回过头看，那是什么？那是不允许，不接纳，时刻把自己放在高高的云端，不让自己掉下来。

要怎样小心翼翼才能保持自己在云端不会掉下来呢？自己从来没有想过，只是像芭蕾舞演员一样，垫着脚尖在云上行走，要求自己每件事必须完美，否则就会从云上掉下来。

客户的一个电话会让我惊魂不定，客户的一个新要求会让我绞尽脑汁。如果拿不出来结果，就会让我焦虑万分，寝食难安。

那个时候，每天按点吃饭，是很稀奇的事，以至于我经常胃痛。而这点胃痛算什么呢？痛一下而已，不碍事的。我又继续工作，疼了就忍一下，从没有想过去看医生，工作才是要紧的事。

周末的时候，下属常常会跟我说：车总，回去陪陪孩子，休息休息吧！我笑笑说：没事，我都安顿好了。

是的，我把孩子交给了老人和保姆。而在工作方面，今天又有新任务，如果不完成，恐怕没有人能替代我来做吧？我必须亲自完成，确保最好的效果。

有些时候，不可能的事儿在我手上都变成了可能。而这样的可能性，是在打乱所有生产秩序的前提下强行完成的。

我要满足客户提出的一切要求，包括超越完成生产周期极限的要求。我不能让别人失望，我不能做不到。以至于那时在客户口中有一句传言：

搞不定的事情去找车总！

天呐，现在看起来那是多沉重的一个枷锁！这个枷锁貌似也不是别人给我的，而是我给予自己的，是那个“我不能做不到”的信念给予我的，是做不到接纳自我给予我的。

一个人做不到接纳自我，就会落在相反的方向——自我攻击，自我封闭，自我疏离，自我抛弃，自我记恨。

那么，这些根深蒂固的面对自我的态度，是怎样形成的呢？

每一个不能接纳自我的背后，都有着各自辛酸的心路历程：被环境过分要求、过分期待，久而久之形成习惯，学会了随着外界的要求和期待，对自我过分要求、过分期待。当没有达成这些要求和期待时，会自我嫌弃，随即出现自我贬低。

在这样的矛盾循环中，我形成了追求完美、不接纳自己有缺点和瑕疵的心智模式。这个模式对外界也同样适用，让人疲惫不堪，生活毫无生机。

所有不能接纳自我的人，其实都是出于同一个原因——没有获得足够的温柔以待。尤其是婴儿时期，他毫无防备能力，也分不清他人和世界的关系。如果有一个人对他表现出不善的行为，他就会认为世界充满了恶意。

**被要求的人，还以世界的是要求；**

**被忽视的人，还以世界的是忽视；**

**被接纳的人，还以世界的是接纳！**

## 虽然我不是万能的，但我是足够好的

一部始终工作的机器，没有保养、没有上油，动力终究会损耗。

在我40岁的那年，一个寂静的周末午后，我独自走在一片林荫下，思绪漫无边界地飘荡。也许是想到现在日复一日的乏味，想到未来活到80岁，还有40年也是这样的日子，天呐，那是多么的无味啊！如果是那样，未来40年毫无新意，没有创造、没有成就，只是活着，那为什么还要继续呢？现在就可以结束了……

恍然间，我一个冷战：我怎么会这么想？这太可怕了。

这一年，自认为没有出过错的我，开始频频出错，甚至在商场里被偷了钱包，也不原谅自己：明明那家伙的偷盗行为很明显，可是我为什么就没有发现呢？我为此懊恼不已。不去痛恨小偷而只会痛恨自己，这个可怕的逻辑，一直置我于自我伤害的循环中。

“现在就可以结束了”的念头，让我战栗了好久。

为什么会这么想？我还有可爱的女儿，还有完整和睦的家庭，还有和蔼健康的老父亲，在外人看来，一切都好，我怎么会冒出结束这一切的念头呢？我想结束的是什么呢？我需要的生活是什么样子的呢？

这些问题我之前从来没想过，让我感到一片茫然。是时候从零开始规划我的人生了。

**我是什么样的人？这个问题是规划人生的开端，也是重新认识自己的机会。**

我是一个有能力的人，但也是一个容易陷在事情里的人。每件事情都是一个绳索，牵引着我。我像一个皮影，只要事情不停，绳子不停，我是没办法停下来的。

我是一个不自主的人，从来都是事情决定了我，而不是我来决定事情。是的，胃痛就是这么得来的。

可是为什么我停不下来呢？是我以为我是万能的，要处理所有的事情，要把所有的事情都处理得完美无缺。

可是，我真的是万能的吗？我能防得了小偷吗？没做到啊！

事实已经告诉我，我不是万能的，也不可能是万能的。那么,我还要用那个自以为万能的枷锁锁住自己吗？

该剪断那些皮影的绳索了。是的，剪断它！必须是我来主宰我自己，而不是由事情来主宰我！

思绪到这里的时候，我的心里特别有力量。我可以做我自己，不再做一部机器；我可以将我的生活过得不那么无味；虽然我不是万能的，但我也可以创造一些新的东西，可以给它赋予意义，可以增添不同的色彩，可以随着我的心意去生活。

当梳理出这些时，我的心情也随之像音乐般律动着、流淌着，我的心在笑了。

“我是万能的”这种信念是从哪里来的？什么时候有的呢？

记得很小的时候，有一次考试考了98分。我满怀欣喜地拿了试卷给爸爸看。可是爸爸严厉地问：“还有2分呢，去哪了？”

听到这个问话，我心里一紧：“全部分数都要吗？ 98分不行吗？必须100分吗？”

可能大多数人都会这样，所谓精益求精，不能够马马虎虎，这是社会的共同认知吧。这样的情况一直持续到初中，即使我考到全科第三名，爸爸仍然会对我说：你的同桌英语比你好。

为此我抬不起头来，即使第三名又如何呢？我仍然不是全能的。

不知何时，追求全能已成了我潜在的目标，成了我不能摆脱的隐形绳索，开始不断地缠绕我。

文化课还好，我可以努力做到最好；可是体育成绩不好，我却无能为力。

我没有强壮的体魄，因为体育成绩不好而失去“三好学生”的资格，除懊恼、生自己的气、怪自己没用、埋怨为什么我不是“飞毛腿”外，我也别无他法。

一路长大，在那根隐形绳索之下，我被那个让自己万能的绳索绑着、牵引着，而失去了自己的快乐。

看到这一切，是时候挣脱那个隐形的绳索了。如今四十不惑，归零出发，重新开始。

**从哪开始呢？还是从认识自己开始，重新看看我是什么样的人。**

我是一个普通的人，不是一个万能的人，也没有谁是万能的。有很多事情我是做不到的，能做到的只是所有事物当中极小的一部分。

我必须正视和接纳这样的自己。或者说，这才是一个真实的自己，而不是那个在云端跳着芭蕾舞的人。

我不是万能的，但我也是好的，不会因为有限的能力而否定自己的一切。要对自己客观点、公平点、和蔼点！

也许我们很想逃避，不想面对，但必须去思考、去探究，自己的过分期待背后到底是什么？源头在哪里？来自什么经历？当时有什么感受？

反复回忆拆解后，每次获得的新发现，都要以现在的视角重新来看，尝试从新的角度，给那些自己曾经不能接受的事情一个新的解释。

这是个实打实的思维过程。如果我们不用思维拆掉它，就如同一个“炸弹”埋在心里，随时会爆炸，让我们咆哮、绝望。

然而，这种思考也不可能一蹴而就，需要反复很多次。

当我们觉得“炸弹”已排除的时候，说明自己已经走出来了，变得强大了，释怀了，开始接纳自己了，跟以前不一样了。

但是，说不定什么时候遇到一些事情，自己又会被打回原形。那时候，我们会怀疑自己是不是身处某种怪圈，踏入了永远也走不出去的恶性循环。

而往往就是在这种时候，我们一定要学会哭一场。睡一觉之后，好像什么也没发生一样，去千百次地挑战同一个思考，坚持去做正确的事。

也许会有一个能够触动自己的契机，帮助我们脱胎换骨：也许是某个人的一句话，一个眼神；也许是看到的一个画面，一个场景；也许是看了一场电影，听到一首歌；也许是经历了一场死里逃生，或者生离死别。

在此之前，我们要不断地剖析自己，挺过多次地反复，就是为了等待这些随机出现的契机，然后抓住每次触动、每次顿悟的机会。这是一个漫长的打磨自己的过程。

那么，现在该怎么办呢？该发生的已发生，从我做起，先对世界温柔以待吧！温暖别人的余温，也会温暖到自己！

在之后的这些年里，在践行助人的人生使命过程中，我不断体验着这样的幸福。

## 接纳一个普通的自己

**美国人本主义心理学家罗杰斯说：爱，是深深的理解和接纳；没有接纳也就没有爱。**

当接纳了“我是一个普通人”的时候，一切会变得不一样。

重新出发的步履坚实而轻快。虽然每天还是在工作，还是和原来一样的作息，但不一样的是，一切是按照我的意愿去做的。

到了周末，我会先想一想，今天是周末，我计划休息，公司的事会有人管的。我要带孩子去看电影，享受亲子时光，给孩子温暖的陪伴。

周末客户找不到我，不再成为我焦灼情绪的导火索，自在的感觉开始来到身边，我不再在乎别人的眼光。

有时候刻意观察，我发现，其实没有什么人会过多关注自己的。过多关注自己的，是自己的担心和演绎。

工作上，我再也不会面面俱到。有人遇到难题来找我时，我也不轻易接招，会组织相关人员来开会，共同处理，直到想出办法。

我相信通过这样的方法，可以发展大家的能力。事实上，并不是我的能力有多强，而是我表现出来的能力有多强。如果给每一个人同样的机会，每一个人都会很强。

从此以后，如果有人来找我签字，我会说：这是属于某某管辖的工作，不该由我来签。

我把手上的事如庖丁解牛般分成多块，从此不用一个人扛着一头牛了。

我将工作分配出去后，下属承担的责任多了，成长得也快了。他们学会了担当，学会了想办法，能力也噌噌地见长。

有一天，生产主管找到我，说他在市面上看到一款新产品很受欢迎，觉得我们能做得更好。于是，我允许他去实验，把自己的想法做成产品。

还有一天，一位曾经腼腆的班组长和我说："我想挑战去做销售。"这个关键的岗位在过去的我看来，不是谁都能做的，是要百里挑一的人才可以尝试的。而这次我没有这么想，很爽快地答应了。试试又有何妨呢？不试又怎么知道结果呢？总要以事实说话的，而不是以我的预判和评估为结果。

和孩子相处，也有了更多的开心时刻，不再用我的强硬要求来对待她，接纳她是一个孩子的事实，尊重孩子的成长规律，也充分尊重她的个人意愿，允许她有自己的想法和规划。

这使得我们在"青春期遇上更年期"的特殊时期，也能愉快度过。

没有叛逆，没有冲突，有的是自由和自主，孩子从一个中等生冲刺，还考上了深圳的名校高中。

在两年的时间里，我的生活发生了多彩的变化，而不是原先的一成不变和无所期待，自己对未来也有了遐想，不再觉得未来平淡乏味，毫无悬念，生活变得有意义和有意识了。

这样的蜕变令我欣喜，也感恩教练的引领，因此我也愿意在后来的教练之路上，帮助人们看见自己和拥抱自己。

这给我带来了无限的力量，每一次的看见都是越过山丘，视线里是更广阔的天空！

美国著名心理教授大卫·霍金斯在他的《意念力：激发你的潜在力量》一书中，阐述了心智与能量级别的关系，各能量层级对应不同的心智状态（如图2–1）。

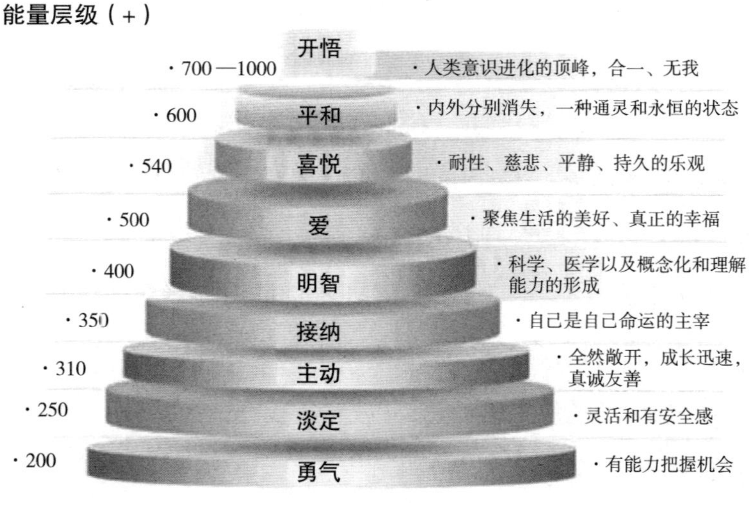


图2–1　心智状态与能量层级的对应

其中，接纳的能量级是350，是具有建设性的能量，在接纳的心智水平下，意识发生了巨大的转变，允许生活以它本来的样子存在，而不是去塑造一个特定的模式。

知道自己才是自己命运的主宰、是自己生活的创造者，没有什么外在能让一个人快乐，这种责任感是心智发展进化的显著特点，它能够同生命力保持一致、和谐共存。

接纳并不等同于被动接受。在接纳状态下，情绪平静，视野宽广，人们对于事情少有曲解和误解。他们能够窥见事情的全貌，不再为谁对谁错斤斤计较，而是着重致力于解决问题、找出办法。棘手的工作不再让他们感到不适应和沮丧，不再相互冲突、相互对立，认同其他人同我们一样有相同的权利，尊重所有个体，平等以待。

## 如何做到接纳自己？

生活中有些事是我们不容易接受的，大致分为两种情况。

**第一是不能接受和自己想法不一样的东西。**

当别人的看法跟我们不一样的时候，我们的内心就会很愤怒，很不高兴，觉得自己的尊严受损。

一般来说，我们在面对和自己想法一致的人和事时，是轻松愉悦的，面对那些和自己想法不一致的人和事时，是不舒服的。

当我们面对和自己不一致的呈现时，就会去想为什么会出现这种结果。这时，我们首先的反应是想着如何去回避它。

这种想法把事情的评价跟自我的评价关联在一起，于是，内心会存在一种质疑，自然而然就会出现一种心理疏远或隔离。

而一个真正成熟的人则不会这么去想。他会站在客观的角度分析问题，也能够做到跟每个人和谐共处。正是因为他们把做事的看法与评价一个人区分开，所以，就不容易被内心的感受操控自己的行为。

**第二是当我们面对一些不好的事情时，第一反应就是为什么这件事**

**发生在我身上，也不敢承认这件事的发生。**

尤其是那些在童年受到家庭影响的人，当父母吵架，甚至家暴时，他们就会询问自己，为什么自己这么不幸，进而导致对生活的无望。他内心会认为这不是自己的错，是家庭带给我的，因此，会沉浸在这个漩涡里。

在这个漩涡里，我们时常会产生恐惧，恐惧那些想法和感觉，于是刻意用自己的主观意识去压抑它。

由于这些恐惧往往存在于潜意识中，我们很难直接感觉到它，但却会受到它的影响；为了掩饰心中的想法和感觉，我们会假装它是不存在的，既欺骗了自己，同时也欺骗了别人。

我们逐渐习惯了这层假装的面具，忘记了面具下还有一个真实的自己。

我们蒙起眼睛，堵住耳朵，拒绝看到真实的自己，拒绝聆听内心的声音。本来弱小，却非要假装强大；本来脆弱，却非要假装坚强。

从心智模式的角度分析，**一个真正心智成熟的人，就是懂得去接纳不完美的自己，能够真正地去认识自己，承认和接受那个真实的、有缺点的自己。**

现代画家黄美廉，是一位自小就患脑性麻痹的病人。脑性麻痹夺去了她肢体的平衡感，也夺走了她发声讲话的能力。然而，她没有让这些外在的痛苦击败她内在的奋斗精神。

她昂然面对，迎向一切的不可能，终于获得了美国加州大学艺术博士学位。她用她的手当画笔，以色彩告诉人“寰宇之力与美”，并且灿烂地“活出生命的色彩”。

在一次学校演讲中，全场的学生都被她不能控制自如的肢体动作震慑住了。一个学生小声地问：“请问黄博士，从小就长成这个样子，你怎么看自己？”

“我怎么看自己？”美廉用粉笔在黑板上重重地写下这几个字：**“我只看我所有的，不看我所没有的。”**沉静片刻，教室里掌声猛然响起。

自我接纳是一个人健康成长、不断发展的前提。一个人如果不接纳自己，连自己的问题都不敢正视，那他怎么可能成长呢？有了自我接纳，就有了不断自我完善的动机和行为，总有一天，自我就会得到发展，得到完善。所以，自我接纳是成功的起点。

当一个人能够拥有接纳的心态，有共情、有同理心，纵使对方确实是有错的，他也不会跳出来大声苛责，而是心平气和地运用一些知识去逐一分析它，得到一个正确而又完整的答案。他能够站在对方的角度去思考问题，所以，别人才能透过他的行为，认为他很理智，也很成熟。

在这个世界上，没有两片相同的树叶，自然也就没有两个一模一样的人。每个人的性格不同，思想就不同。因此，懂得接纳别人，才会懂得接纳自己。

每个人都是有缺点的，我们要学着接纳自己的缺点，学会去面对它。既然一些不好的事情已经发生了，那么就不必耿耿于怀，让自己难受。

真正成熟的人都能明白，人生的对和错都是一体的。每个人都有自己的瑕疵，勇敢地接受它，才能让自己变得更强大，内心更成熟稳重，让自己的生命更有意义。

我们要明白，生活中的很多事情发生了就是发生了，无法再改变。唯一能做的是，站在现在重新认识它，获得新的认知，从而消除原本消极的自我认同，才能接受自己的不完美，接纳自己的所有。一旦拒绝接受，就会产生痛苦。

自我接纳的最终目的，是让我们正视并拥抱真实的自己，然后在现有的基础上整装出发，进一步完善自己。

当我们感到社会不接纳自己时，往往是我们不能自我接纳内心的外化，即所谓的“自我证实”。

心理学家说，爱自己就是深深地接纳自己。如何接纳真实的自己呢？

接纳真实的自己，是要明白这个世界并非完美，每个人都是普通人。接纳真实的自己，就是准许自己的为人；同时，像爱别人一样爱自己。

我们常常太过重视他人的感受，而忽略了自己；我们是那么友善地对待他人，却那么苛责地对待自己。所以，放轻松，怎么爱别人，也怎么爱自己；与此同时，放弃完美主义，做到自我接受。

在完美主义者的世界里，是不存在自我接受的，往往会觉得自己是一个失败者，自尊心也深深地受到伤害，不接受那个真实的自己。

如果这样，我们就会活成别人，活成自己不喜欢的样子，会觉得活着没有价值，总是为别人而活，从来没有为自己而活，而这样做只为换取别人的赞美。

**心理学家荣格曾问过这样一个问题：究竟愿意做一个好人，还是一个完整的人？**

事实上，我们的每个缺点背后都隐藏着优点，每个阴暗面都对应着一个生命礼物：好出风头只是自信过度的表现；邋遢说明人的内心自由；胆小能让人躲过飞来横祸；泼妇在有些场合是解决问题的最好方式……

接纳阴暗面也是自己生命的一部分之后，我们就不再对自己没有达到的高度耿耿于怀，不再对自己没有完成的事件耿耿于怀，不再对自己没有维护好的形象耿耿于怀，而是着眼于自己眼前所做的事情和能够做的事情。

我们都只是芸芸众生当中的一员，不是天空中最亮的那颗星，只是天空中一颗普通的星星。我有我的运行轨迹，照亮属于我自己的那片小天地，我要做的只是让这片小天地越来越大。

接纳自己的呈现，内在会产生幸福感、舒适感。如果我们的心里仍然对当下的事情存有负面情绪和感受，表明自己在当下还没有真正做到接纳。

接纳自己的时候，心里活跃着的绝不是情绪的小我，而是智慧的大我；那个大我的人格层次是拥有智慧的。只有真心拥抱自己、和自己和解、接纳自己，我们才能活出完整的、智慧的生命。

那么，如何做到接纳自己，活出完整的生命呢？方法有很多：

**1.接受现实：**存在即合理，允许一切的存在，无论好坏，都是合理的。

**2.重新审视：**对于曾经不接受的那些事物，重新去发现它积极的一面，重新诠释它对自己正向积极的意义。

**3.平和对待：**当某种消极情绪或想法出现时，不回避，不批判，看见它，允许它在那里，不与它对抗。

**4.日记法：**将自己的生活片段记录下来，并将觉察到的情感、行为、认知三者互相联系；试着连续写4天日记，每天15分钟，想到什么写什么，这其中要保持连续性，连续几周后回看一下，我们就会发现有不同发生。

**5.抽离觉察法：**把自己抽离出来，从第三方的角度来观察自己，把自己当作别人来接纳，接纳别人比接纳自己更容易做到，对于自己的行为，如果自己感到不满，那就想想如果是身边其他人这样，自己会接受吗？

除此之外，推荐一个教练小工具，可以用来自我教练——**“假如”**

工具，当感到懊恼、难过或纠结时，我们可以用假如句式来向自己提问。比如：

- 假如我60岁，我会怎么看今天的问题？
- 假如他是我，他会怎么想这个问题？
- 假如我换一种方式和孩子交流，孩子的感受会是怎么样的呢？
- 假如我是他，我会怎么处理这个难题？

**心理学家荣格说过：我们看待事物的方式、而不是事物本身如何，决定着一切。**

当接纳自己的时候，我们也能接纳外界；当没有压抑的时候，我们的有意识和无意识就成为一体。一旦我们的内在成为一体，就会变得很健康，就会感到一种宁静的幸福。因为没有了内在的冲突，就不会再纠结。

从今天开始，我们要学会尝试发现真实的自己，做回真实的自己，悦纳自己的一切，身心合一，创造内心的宁静！

**自我接纳是开启新人生的起点。**

愿我们都活在真实、平和、普通的自我中，创造幸福人生。

## 成长百宝箱

**负转正：最底层的自我建设工具之一**

当我们处在没有自我接纳的状态，通常看问题的着眼点是负向的，如有什么问题、有什么困难、有什么不利因素等。负向的表现形式，可能会体现在负向情绪、攻击性语言、以问题为导向的思考等，以至于不相信结果会是好的。

在这样的情况下，我们内在的能量是会被消耗的，所以这个时候需要负转正。

一旦言行、思考、信念转为正向，那么，我们的能量将是正向的、具有建设性的、对事情有直接帮助的。可以说，负转正本身是最底层的自我建设工具之一。

**负转正的具体方法是什么呢？如何做到呢？**

负转正分为以下五个部分：

一、觉察自我状态

转正的前提是发现自己的负向，这就需要自我觉察。可以用自我问答、自我教练的方式来帮助觉察自我，如问：

1.现在我的情绪是怎样的？

2.这样的情绪是对事情有帮助的吗？

3.我的情绪的由来是什么呢？

4.是什么期待没被满足，引起这些情绪的？

需要注意的是，以上自我提问的顺序是递进的，是不能调换的。

二、发现真实需求

如问：

1.没被满足的期待里，我的正向意图是什么？

2.这些正向意图的意义是什么？

三、正向表达真正的需求

如问：

1.我如何正向表达出我的正向意图？

2.正向表达的效果会是怎样的呢？

四、建设性行动

如问：

1.我可以做些什么，对事情的发展会有帮助？

2.这样做了，对周围的影响会是什么呢？

### 五、总结成长

在经过自我教练并付诸行动后，对于所有的思考、行动、转变、成果及关键因素做回顾总结，提炼出有效的地方，为以后遇到类似问题提供指导，使自己处在有意识的自主状态，这就是心智成长的一个重要阶梯。

UPGRADING MINDSET

第3章

# 允许一切的发生

作者：向舒涵（Hannah）

真正的对手不是比赛中的对手，而是自己头脑中的对手。

——企业教练先驱添·高威（Timothy Gallwey）

【本章作者简介】

向舒涵，1985年出生，“吃得苦、耐得烦、霸得蛮、舍得死”——湖湘文化这样的基因，似乎的确在不自知的情况下，默默流淌在其血液里；湘妹子深情而又泼辣的性格，在她身上也体现得淋漓尽致。

创过业、失败过，现在继续创业，继续在不断学习精进的路上，对未来充满了期待。湖南人天生爱“搞大事”的性格，又多了一个证明案例。

我人生中第一个不接受却又无法改变的事，便是父母离异后，七大姑八大姨见到我就问："爸妈怎么样？爸爸后来又娶了吗？妈妈后来又嫁了吗？"

看似关心的背后，却是她们八卦的好奇心。因为20世纪80年代的农村，思想并不如现在社会这般多元。

通过学习、努力工作，我尽可能地弱化原生家庭带给我的影响，并且一直给自己洗脑：这没什么。

之后，通过不断的学习心理学、哲学等，我努力提升三观，人格似乎已经健全。直到有一天遇到工作上的不如意，再回顾上一段失败的婚姻，我才知道，其实，我内心的小孩还在愤怒。

就如网上说的一样，知道了那么多道理，似乎还是过不好。

2019年年底的一个偶然机会，我走进教练技术领域。这不同于过往的学习和培训，因为这门课程的学习重点不在课堂上，不在概念和理论上，而是从知道到做到的一场修行。

## 什么叫"允许一切的发生"？

"允许"，是指情绪上的接受。所谓的"一切"，只是我们所"感知的一切"。如果用高度抽象的话来总结，可以粗略地分为三类：我与自己、我与他人、我与世界（社会）。

当然，如果完整表达的话，就是"我在情绪上接受一切的发生"。

人类还在活着、呼吸着的每一分每一秒，都是在处理这三类关系。

如果进一步区分，则又分为是在有意识还是无意识的状态下进行处理。

### 1. 首先，我与自己

我是谁？从哪来？去往何处？

这三个问题从人类诞生至今，没有一个科学家、哲学家、物理学家能给出一个让绝大部分人都认同的答案。

人，可以从生物、精神与文化等各个层面来定义。有研究认为，线粒体DNA与化石证明：人类大约于500万年前起源于东非。人是地球生态系统中的一种普通动物，是生物进化的结果。

人，作为一个哲学概念，有多种解释：人是神造的，是自然的人，是文化的动物。

马克思说：人是一切社会关系的总和。人的自然本质是动物的进化产物，超越自然的创造是人本身。人性就此分为自然属性和社会属性，社会属性是人的本质属性。

好吧，关于人的定义太复杂，几千年来也没人能说清楚。

关于我们自己，某一个单体，可以简单地来个笛卡尔式的总结：我思故我在。意思就是说：不管在或不在，我就在这里。

### 2. 其次，我与他人

人类对由自身活动所构成的社会生活及其思考，无论在东方还是西方都是源远流长的。

中国先秦时期的思想家荀子就曾论述过“人生不能无群”的思想。他认为，人之所以异于禽兽，在于“人能群，彼不能群也”。“群”即“社会”。

中世纪基督教神学家托马斯·阿奎那和A.奥古斯丁，从宗教神学立场，也曾对此做出过论证。

文艺复兴时代的人文主义者则用人性反对神性、用个性解放取代封建专制、用快乐主义反对禁欲主义，在反对宗教神学和封建宗法制度的斗争中，形成了一整套市民阶级的社会伦理观。

归根结底，所有制度的底层逻辑，都是为了人类这个“群”能够更好地生存繁衍下去，并由此派生出一系列的衍生关系。

### 3.最后，我与世界（社会）

世界是怎样的？从天文学家的眼里看世界，地球赤道半径是6378.137千米，极半径是6356.752千米，平均半径约为6371千米，赤道周长大约为40076千米，呈两极稍扁、赤道略鼓的不规则的椭圆球体。

地球表面积达5.1亿平方千米，其中71%为海洋，29%为陆地，在太空上看地球，总体上呈蓝色。

太阳系包括太阳、8个行星、205个卫星和至少50万个小行星，还有矮行星和少量彗星。太阳位于距银河系中心（银心）约2.7万光年、距边缘2.3万光年的地方。

……

在远古时代，一些单细胞逐渐形成细胞群落，随着群落内部的发展，分工逐渐明确，逐渐产生多细胞生物，而多细胞生物本身就是一个细胞社会。

人类从一万年前就已开始群体生活，渐渐形成原始部落。受环境影响，会迁居或定居，并慢慢养成共同生活的方式，进而演变成独特的文化。当这个文化变得比邻近部落更为先进或强大，并与他们互相影响时，便形成了文化圈。

当这个部族变得壮大或人数众多时，他们就会在某个地方定居，并建立起一个聚居区，可形成文明社会和城市文明。

对于社会一词，并没有太正式、明确的定义，一般是指由人类自我繁殖的个体构建而成的群体，其占据一定的空间，具有独特的文化和风俗习惯。

也许，每个人所处的环境和自身的经历都不一样，所需要解决的问题也各不相同。但是，追根究底，也就这三大类：我与自己、我与他人、我与世界（社会），其底层的逻辑和原则是一样的，都可以允许自己在情绪上接纳一切的发生。

## “不允许”又将如何?

### 1.我是谁：曾经不敢面对的自己到现在的面对

向舒涵，女，“80后”，出生于湖南湘西。一路读书，从燕山大学经济学本科到厦门大学逻辑学硕士，目前定居在厦门。先后在房地产公司、银行、股权私募机构任职，目前自己创业，从事财富管理及管理咨询相关业务。

就在2019年8月，我从一家股权私募机构辞职了。辞职的原因，也许有点“佛系”——世界那么大，我想去看看。

从读书到工作，我几乎没有停下来好好休息过，忽然发觉人生好像缺了点什么。辞职后，我就去青海、甘肃旅行，参加和君商学院组织的日本游学，接触不同的人和事。

晃悠了快两个多月，虽然也感到放松和开心，但是心里隐隐觉得有点空，内心有个声音告诉我：还是要做点事（用老人的话来说，劳禄命）。

做什么呢？创业？全职做民宿？股票投资？教练？传统文化培训及周边？……这个问题困扰着我很长一段时间。

曾经有一段时间，我强烈想要出家，过清净的修行生活。在跟我的师父聊完，冷静理智地思考过后，我决定这事还是暂时先缓缓。

原因很简单——尘事未了，还要去面对那个曾经不敢面对的自己。

那个曾经不敢面对自己的我是很自卑的。因为过去家庭背景的原因，我一直认为我是不会过得很好、很幸福的。我觉得我不配拥有幸福的家庭和人生。

在遇到我前夫的时候，我被他的家庭氛围所感染，被他对我的好所诱惑，等到真正走进家庭，拥有我一直以来梦想拥有的家庭后，我又开始不安分了。

我不想做一个普通的女人，就这样平平淡淡地过一生。而公公、婆婆和老公对我的期待，就如传统的闽南人对媳妇的期待那样：勤劳、持家、牺牲、付出。

虽然他们并没有在明面上对我提出各种各样的要求，即使我各种折腾，他们也还是包容和理解。可是，我依然觉得受束缚，心里隐隐地觉得对他们有愧疚，因为我没有满足他们的期待。

那时候的我，不懂得沟通和表达，压抑的情绪一直在发酵着。直到我动了离婚的念头。

一旦动了离婚的念头，心就不在这个家了。对前夫冷暴力，一有机会就出差或者外派。对孩子的愧疚和家庭责任感的内疚，我用实现理想这个借口去说服自己。

有一次跟一个朋友聊天，他说：其实还是自私的。“自私”这个词一下子击中我的灵魂，把我自欺欺人的那一套说辞击得粉碎。

### 2. 我与他人：曾经令我感到羞耻的父母到现在自己的放下

很长一段时间，我曾以我的父母为耻，特别是对我的母亲。不过，到了现在，我开始逐渐改变自己。

曾经的我看母亲，觉得她虚荣、爱面子，经常说一些在我看来很夸张的谎言。

一个我经常遭遇的尴尬场景是：在我跟人聊天的时候，对方冷不丁就会冒出一句："我听你妈说，你是北大毕业的？现在在大学教书？"……总之，就是一些对于不符合我真实情况的夸大的描述。

每当听到这样的问话，我就很恼怒和尴尬，知道母亲为了虚荣心，又在别人面前吹牛了。

刚开始的时候，我会有点难为情，不知道怎么回复：如果迎合的话，自己在撒谎；不迎合的话，等于直接拆穿母亲的谎言。

到后来，我就没有任何顾忌，理直气壮地直接怼母亲，甚至内心还有一丝丝隐藏的快感，觉得自己很大义凛然。

那时，母亲还有一个让我很不满的事情，她常说：看谁谁家的孩子多么出息。她总是拿我跟其他人对比，而我就以其人之道还治其人之身：看看谁谁家的家长多么厉害。

母亲说话很大声，经常说着说着就跟吵架一样。这也让我很尴尬，所以我很不爱跟她一起出现在公共场所。

母亲还很喜欢占小便宜。她去超市买东西，总是喜欢多拿一些免费的塑料袋；去住酒店，也喜欢把人家的一次性用品能拿的都拿走。

父母很早离异，之后母亲没有再婚，偶尔会带男友回家。这件事也让我一度觉得很羞耻，甚至一度觉得母亲是个不正经的女人。

在我的记忆里，似乎从来没有叫过爸爸这个词，我几乎叫不出来。

高中的时候，母亲有一个交往了很久的男朋友。那个叔叔很好，我也很喜欢他。他们一度打算结婚。即便如此，有一次他们叫我改口，可是我做不到。无论如何，爸爸这个词，在我的人生字典里，似乎已经被删除了。

后来，我给自己定了一个底线：对于母亲，我要尽最基本的孝道，让她老有所养。当然，大部分还是侧重物质方面。至于感情方面，我曾经彻底放弃，祈祷最好不要跟母亲有任何交集。

有很长一段时间，我用这条底线让自己的内心达到了平衡，心安理得地度过了一段时间。

再后来，接触了佛法，参加了几次禅修营，我意识到仅有那条底线是不够的，还需要再突破一些，还需要更进一步。

在别人面前，我似乎是一个很善良、很宽容、很有教养的人。可是面对母亲，我却是一个冷漠，甚至有点麻木的人。在我们矛盾最激烈的时候，曾经也都说过特别绝情伤人的话。

有一次，我从外地出差回来，看到母亲把工作室打扫得很干净，民宿房间的床上用品整整齐齐地叠在一起。只是有点奇怪的是，这套床单似乎是原来的那套，我的第一反应便是猜疑母亲没有及时更换这套床上用品。

于是我凑上去闻了闻，一靠近，便闻到微微的汗味。我顿时有点恼怒，母亲一定是存在侥幸心理，觉得即使不换被单，可能也看不出来，所以她只是简单地整理了一下。

我跟母亲争论了起来。我说：你明明没有洗，闻起来都有汗味，为什么要说已经洗了呢？就算真的没洗也没关系，可是为什么要撒谎呢？

母亲的面子上挂不住，说：我洗了床单，但是没有洗被套，而且昨天晚上我住了。

我知道母亲在狡辩，有点恼怒，生气地回复她说：洗个鬼！

又是一轮争吵……

我学过佛法，又学过教练，知道要向内转，向前看。可是，那个时候，我还是做不到。在当时的情境下，还是会习惯性地指责和评判他人。

怎么办？学了那么多道理，似乎还是过不好这一生。

……

好在，在不断的修行中，特别是在教练的不断精进中，我看见了自己。虽然目前我还做不到完全地向内转，向前看，一切事情先从自己的改变开始，但起码我在朝这个方向努力。

在一次次的冲突发生后，我会事后去反省。原来我跟母亲的关系是以前不愿意见到彼此，待在一起超过3分钟就大吵大闹；现在，我们吵架的频次和频率越来越少，对于很多以前完全看不惯的事情，现在我已经可以坦然接受。

第一次的突破，发生在我主动去深圳找母亲。

2019年，在一个朋友的鼓励下，我决定从厦门去深圳看望母亲。在此之前，我已经跟自己达成协议，与母亲的关系就是：我会做到女儿最基本的义务，以后她老了动不了了，我会帮她养老。因为母亲从小对我也没有给予特别多的母爱，我也并没有觉得自己那时的做法有多么不孝。

可是，不知道为什么，内心多少还是会觉得这并不是最好的解决方案。

跟母亲的关系，就像我内心里某一处阴暗的角落，平时刻意不去触碰，可是，它其实一直就在那里，不知道在什么样的情境下就会冒出来。

所有的改变，都源于对现状的不满。我跟母亲的关系也是这样。而任何关系的改善，也不是一蹴而就的。很多时候，并不是像电视或者电影里那样，一个事件之后就Happy Ending（愉快结束）了。

有了第一次突破，当然就会有第二次。另一个大的契机，就是在我离婚后，自己一个人住，所以就让母亲搬到厦门来。

刚开始，我们住在一个屋檐下。可是好景不长，各自生活习惯的不同带来了矛盾，这样的矛盾冲突甚至让母亲想要出走。

就这样，我们磕磕碰碰，不断地调整，寻找彼此都感到舒服的平衡点。

一个阿姨曾跟我说，跟母亲最好的距离就是一碗汤的距离。虽然不住在一起，但是如果送碗汤过来，刚好不会凉。

现在，我跟母亲就是这样的距离。我们各自住在不同的房子里，但是相隔很近，真的只是一碗汤的距离。

到目前为止，我的感觉都还好。下一步要继续改善的，可能就是要多去母亲那里，时不时跟她一起吃顿饭、聊聊天。

其实，我与父亲的关系也是如此，从曾经感觉丢脸到现在可以放下怨恨。

在初中以前，我没有任何关于父亲的记忆。因为父母离异早，我3岁开始就跟外公外婆一起生活。在那个传统的年代，特别是在农村，离婚并不为大家所接受和认可。

第一次了解父亲和母亲之间的事情，还是因为高考前我跟母亲发生了一次严重的冲突。

母亲很讨厌我了解父亲的事。记得当时我反问了一句：既然这么讨厌他，当初为什么还要跟他在一起？还要生下我？母亲被气得不能言语，草草地结束了谈话。

事后，小姨过来找我，说母亲跟父亲离婚的原因是因为她。

小姨说，有一次，我在外婆家玩，玩得比较晚了，小姨就送我回家。在小姨送我回家的过程中，父亲有对她不尊重的行为。至于具体细节，小姨没有说太多。在那之后，在我心里刚刚“复活”不久的父亲又“死”了。

以前对我而言，只是不存在父亲这个人，但在我刚刚对父亲这个角色产生好奇的时候，他的形象就被打入地下，成为我的一个耻辱。

之后，我从家族里一个信任的长辈那里，又听到其他版本的说法。

此事就像罗生门一样，事实的真相也许永远无法去了解。不过，我也不再关心事实的真相到底如何。因为不管是什么样的真相，在去追究的过程中，带来的也许只有更多的伤害。

多年以后，在我已经释怀的时候，父亲的一次突然到访，又让我们父女的关系变得紧张起来。

那次，小姨听到父亲要来，瞬间失控，难受得哭了，极度不情愿见他。

所以，在父亲坐了一两天的大巴车，从湖南到厦门来找我的时候，我把他拒之门外，没有让他进家门。因为这件事，也曾引起父亲家族对我的一阵讨伐。

直到前两年的一个夏天，我接到大伯的电话，说父亲病危，如果这次过不来可能就走了。

一下子，所有过往的恩仇都被抛开。我带着儿子和婆婆，坐飞机转大巴，跑回湖南。大伯也通知了我的弟弟妹妹，可是他们都说自己没时间。

看着病床上的老人，我想：这就是一个生病的老人而已。即使是个陌生人，也许都会尽自己的可能帮一下。如果在他生命垂危之际，三个子女竟然没有一个能守在床头，真的是凄凉。

虽然我现在依然看不惯父亲的很多习性，只是已经不再怨恨他了。

我发现，当心里不再有怨恨的时候，其实解放的是我自己。也许，心的容量是有限的，当装着太多这个东西，就装不下其他更好的东西了。

说到底，父亲并没有对我做过什么过分的事情。我的怨恨的由来，追根究底还是我对心目中的“父亲”有一个自己的标准。如果现实中的父亲不符合那个标准，我就会觉得“丢脸”，甚至“怨恨与羞耻”。

深究起来，这好像是我作为女儿的自私与自我。现在的我，对于与父亲的关系，已经可以做到放下那份怨恨了。

### 3. 我与社会：从曾经感觉不公到现在开始找到自己

说到我与社会的关系，在之前的我看来，这个社会似乎对我也是不公平的。我的第一份工作，是在一家房地产公司总裁办做助理。我是那一批入职应届生里学位最高的，理应如鱼得水、前途似锦。

结果，工作不到一年，有一天，人事总经理突然来找我谈话。刚开始，我还以为要给我升职加薪，不料却是劝退。

我不知道发生了什么，当下就哭了，无法接受这个事实：我那么优秀，竟然被劝退？

事后复盘，我能想到的原因可能是：新来的领导跟我同龄，我自认为跟她很合得来，但在工作中太傲气，在两个领导交接的时候，我没有做好关系的平衡。

比如，出于对原领导的敬佩和尊重，在很多情况下，当两个领导下达不同指令的时候，我还是按照原领导的指示去做。这会不会让新领导看不惯我？

当然，也许还有其他原因，但是我不清楚。不管怎么样，这是我在职场遭遇的第一课。

再后来的工作，有比较顺的，也有不顺的。我去做过信用卡推销员、小微信贷的营业部经理、银行的高级客户经理、私募机构的投资总监。

每一份工作跨度都很大，如果是公司的人力资源相关人士，看到我的简历，估计会觉得很无厘头吧。但其实每一份工作的选择背后，都有我的内在逻辑。

从知名房地产公司的总裁办到信用卡推销员，这是我跨度最大的一次。当时做这个转变的时候，身边几乎没有一个人是理解我的。只有我自己心里清楚，是为了什么。

这么久以来，自己在象牙塔里待得太久，名校研究生毕业，学的专业也是别人看起来很“虚”的哲学。可是，我知道我最大的弱点是“脸皮薄”。加上第一份工作的挫折，所以，第二份工作选择了对自己挑战最大的岗位——信用卡推销员。

记得当时入职的时候，我是唯一一个研究生学历的，我的同事还有大专学历甚至是高中学历。可是，工作业绩跟光鲜亮丽的教育背景并没有半点关系。同事之间的竞争似乎也是没有“底线”的，作业方式也是简单粗暴的——扫街。

当时，我跟自己说，如果我能在这个职场做到最好，那我在哪里都可以做得好。

当然，最后我做到了。通过一次成功的活动策划，我的当月业绩在营业部刷新了历史纪录。甚至在我离职几年后，还有同事找我请教当时做那个案子的经验。

即便如此，在达到既定目标之后，这份工作便变得无趣，也没有了挑战。因为我要突破的是自己的心理障碍，一旦突破，纯粹的拼体力对我而言就没有太大的意义了。

我开始考虑换另外一份工作。之后，也换了好几份工作，但总是没有一份工作对我而言可称之为事业，让我有动力一直坚持下去。

一次次撞得头破血流后，我不禁开始怀疑自己：到底是我错了，还是这个世界错了？难道这个社会就没有我的容身之地吗？我迷茫了。

在一次做教练的过程中，曌乾组织教练创始合伙人、厦门第一个PCC专业教练梁宜宏问了我一个问题：选择工作的时候，衡量的维度有哪些？

之后，他带着我做了一个平衡轮。

在认真思考后，我把以下维度列了出来：

1. 这份工作或者事业对别人是有意义的，能够帮助到别人；

2. 能赚到钱，至少能保证自己和家人过上相对有品质的生活；

3. 能持续成长，需要不断学习，提升能力；

4. 时间和空间相对自由；

5. 已经是奔四的人，如果再选择一份工作，希望是值得付出的终身事业。

当把这些要求列出来的时候，我自己都有点心虚：这世上有这么好的工作吗？我是不是有点贪心了？

最开始，保险并没有被列入我的选项之中。虽然自己认同保险，也买过保险，但那时的我，还是接受不了自己去卖保险这件事。

打破我认知偏见的一个契机，是认识了我做保险的推荐人JoJo。原本我和她是在一场现金流游戏中认识的，最初对她的印象是做事很认真，为人处事也很真诚。在认识她很久以后，我才知道原来她是卖保险的，而她是我遇到的第一个从来不向我推销保险的保险销售人员。

进一步接触后，我听说她是从厦门海关辞职后全职做保险，这更激起了我对她的兴趣，进而走进了明亚保险经纪公司。

公司创始人杨臣在《进击的理想主义》中有一段话，深深打动了我：“打造一个最专业的明亚，将保险经纪人塑造成如同律师、医生、会计师一样的专业人士，把保险经纪人的角色定位从销售转向服务咨询，并且彻底扭转过去推销时代的卑微局面，让保险经纪人拥有体面的社会地位和合理的收入水平。”

明亚的创业历程，让我联想到另外一个行业——财富管理行业。

其实，和保险行业类似，过去的财富管理行业和过去的保险行业代理人模式一样，都是“王婆卖瓜，自卖自夸”。名义上虽然说是理财顾问，实际上也是变相地推销自家产品。

我曾经想做一名独立的私人财富管理顾问，不代表任何一家资产管理公司，而是从客户利益出发，进行相应的投资理财建议及资产配置。为此，我去过两家公司，他们号称是独立的第三方理财机构，但是后期也都是卖自家产品居多。

所以，2019年7月，我决定还是自己成立公司。虽然刚开始只有几个志同道合的人，但是我坚信，这必然是未来的趋势。而且，随着中国经济的不断增长，这个市场需求也必然会越来越旺盛。专业、独立、客观的第三方独立理财顾问必将成为这个行业的新模式。

从事财富管理行业近十年的时间，我接触过很多企业家和投资人。看到有些企业家因为不懂财富管理及风险隔离，看他起高楼，看他宴宾客，看他楼塌了，不胜唏嘘……

李克强总理说中国还有2亿贫困人口，也还有很多孩子不能接受到很好的教育。作为一个从贫困山区走出来的孩子，我深知教育对一个人所能起到的深远作用。

因此，我萌生了一个想法，想要做点什么，能让这个社会的财富分配更加公平一点，让财富发挥更大的价值。

我认为，财富管理行业的使命，不仅仅是让财富保值、增值和传承，还关乎如何回馈社会，正所谓取之于民，用之于民。

创业公司的目标，立志于成为世界一流的财富管理机构。一方面帮助“先富起来的人”，让他们的财富得到更好的保护、保值、增值及传承；另一方面通过设立教育及慈善基金，助力更多的有志青年实现人生理想。

虽然我知道，这条路很难，不过，对于我而言，除了此事，也无其他更好、更值得我去做的事情了。

## 说得容易，如何做到？

**在每个不满的情绪背后，都预设了“理所当然”。**

父母理所当然要爱子女，为子女付出；父母理所当然要有伟岸或者令人尊敬的形象；子女理所当然要爱学习、懂事、孝顺；亲戚朋友之间理所当然应该互相理解、互相帮助；我理所当然地应该如我所期待的那样呈现在别人面前……

当对方没有符合我们心目中那个“理所当然”的预期时，负面情绪就来了，矛盾就来了，冲突就来了，无尽的烦恼就产生了。

我们都想要幸福，可是好像无意识地把我们的“幸福”，建立在别人的某种行为上。因为引起我们负面情绪的因子，往往出现在对别人的期待或者对自己的期待上。

在知道了这么多道理，经历过那么多事情后，虽然现在很大程度上依然是情绪的奴隶，会为发生的一些事情而心情低落，不过难得的是，我已经在路上，对于自己生命中出现的一切人和事，允许一切的发生。

每个人的大脑里有着不同的心智模式，这些模式打着家庭、教育和阅历等各种烙印，构建了独特的自己，最终成为我们身体里“看不见”的操控者。

很多迷茫、焦虑，往往是由我们自带的一套限制性的心智模式所产生的。

当我们情绪泛滥的时候，不管有多高的认知，多理性的思考，往往都毫无还手之力。我们会很快被情绪所控制，变得暴躁冲动，恐惧害怕，什么都做不好。

就像玩密室逃脱，其实明知道是假的，可当身临其境的时候，还是被恐惧所包裹，会感到害怕。

例如，很多旅游景点都有的玻璃栈道，往下看的时候，可以看到万丈深渊。从理性分析，我们知道自己是很安全的，那种玻璃栈道的支撑力比一般的钢板还强，用锤子都砸不破。可是，本能的恐惧还是让我们迈不开步子，明明知道很安全，却还是被情绪所控制。

不想做情绪的奴隶，第一步是能够从容地觉察情绪、识别情绪，然后有意识地对情绪进行管理。

当然，这个过程不是一蹴而就的，而是一个漫长的过程。但是，当我们开始起航，未来就有可能重建清明的心境，构建不畏过去、不惧将来的内心秩序，从而安于当下，走好该走的路，向一个明确的方向持续精进。

也许我们还是会为发生的一些事情而心情低落，不过难得的是，我们已经在路上，对于自己生命中出现的一切人和事，允许一切的发生。

最后，跟大家分享一张图片（如图3-1）和一段文字，每当我遇到低谷的时候，都会去反复品味。

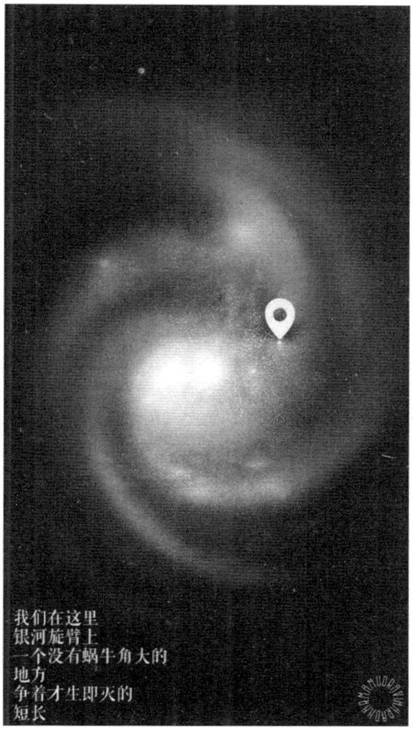


图3-1　允许一切的发生

我们在这里

银河旋臂上

一个没有蜗牛角大的

地方

争着才生即灭的

短长

## 成长百宝箱

**平衡轮：结合左右脑优势，用于多种用途**

在教练过程中，平衡轮是一个十分重要的工具，有多种用途。

1. 我们可能想要创造出多个目标的平衡，这些目标可以是企业管理、领导力提升、家庭探索、职业发展、健康管理或其他具体的兴趣。

2. 圆心为1，表示“极度不满”，轮缘为10，表示“极度满意”。我们可以对这些目标当下的满意度打分，并沿着轮辐放置一个点，同心形成一个“扇面”，用来代表在人生的某个方面自己正感受到的满意程度。每个“饼块”代表一个重要的方面，而“扇面”就代表在这个方面的满意程度。

3. 平衡是动态的，所以这也是一个过程，而不是目的，要从长远的视角来评估。

**实操流程如下：**

①画一个圆形扇面图，如下图所示。

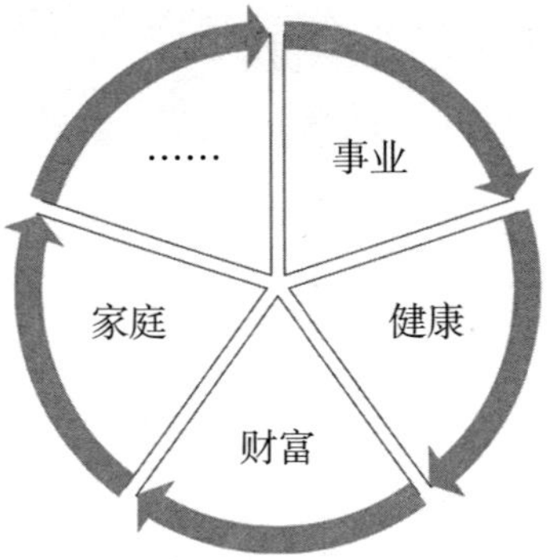


**图3-2　平衡轮示意**

②静下心来想想，在我们的生命中，有哪几个领域的事对自己而言是非常重要、必不可少的。一般参考的维度可以是：事业、健康、财富、家庭、感情、朋友、休闲、公益事业……然后选出8个最重要的（或者5、6个，或者9、10个，因人而异）。

③现在请给每个领域打分。（1—10分，1分最不满意，10分最满意，结合目前现状的满意度打分）

④全部维度打完后，看着平衡轮，我们注意到了什么？（这里不是想象的，而是视觉的，直接从平衡轮圈中看到的）

⑤思考以下几个问题：

- 我们想马上处理哪个领域？
- 有了什么（改变），该领域会变成自己理想的分数？
- 做些什么，这些改变才会出现？
- 行动计划是什么？
- 什么时候开始行动？
- 行动计划的第一步是什么？
- 如何知道自己已经做了这些行动？
- 在每一个问题之后，都可以问："还有呢？"

平衡轮这个工具，结合了左脑（分解及分析）和右脑（整体图像、感受、直觉）的优势，能够让自己有更深入的觉察。

平衡轮有多种用法。比如，生活平衡轮是对当前生活状态的一个"快照"，可以全面审视自己当前的生活状态。

工作平衡轮与生活平衡轮类似，参考维度可以是：团队、沟通、目标、产品、服务、顾客、销售、盈亏、市场、创新等。

还可以进行利益相关者分析，列出某项目的若干利益相关者，分析不同利益相关者的影响，分析优先关注的对象及相应的应对策略。

UPGRADING MINDSET

第4章

# 我变了，世界就变了

作者：邹培芫

我改变自己，发现大有不同。我可以改变世界，改变自己……

——歌手王力宏《改变自己》

【本章作者简介】

邹培芫，曌乾组织教练、高管教练、团队教练和个人高绩效教练，领导力和交叉创新讲师，NLP执行师、催眠师和时间线治疗师，教练状态和量子思维的终身修习者、践行者和转播者。

近20年汽车行业从业经历，在多家欧美公司担任过亚太和中国区人力资源负责人、组织和人才发展负责人、企业文化和运营系统教练工作，在民营初创企业担任过副总经理。目前已经走在职业教练的路上。

个人使命：活出有智慧的人生，激发个体和团队释放潜能，支持管理者成为真正的领导者，助力经营者成就以使命感和社会价值为驱动的企业家。

不管我们选择了怎样的事业方向和人生路径，如果想要更高的成就、更多的财富、更大的幸福，那么，管更大的团队、被更多人追随、有更多人信服、获得更多的关注、让更多人喜爱、让更多人成长，多多少少会是我们想要的人生画面中的一部分。

而在这样的画面里，都包含了我们和更多人和更多事之间的关系，还有那份关系中自己的影响力。

那么，一个人的影响力从何而来？也许这一章的思维模式“我变了，世界就变了”，可以帮助我们更加清晰地找到影响力的来源，在自己可控的范围内努力，成为更有影响力的自己。

“一点点改变，有很大的差别，你我的力量也能改变世界……改变世界，改变自己……”歌手王力宏歌声里的洒脱，在现实中会发生吗？我们真的能够通过自己的变化，让世界发生变化吗？我们的影响力真的有这么大吗？

## 我的发现——“我变了，世界就变了”

下面，我带着大家一起看看现实中的故事。

小徐坐在我的对面，端着咖啡杯，想跟我聊聊团队管理的事情，这方面他有很多困惑。

那是我第一次与他见面。几个月前，他刚刚晋升为一个新部门的负责人。

这次见面的目的，是看看我们之间是否有“化学反应”，他是否愿意接受我作为支持他融入新岗位的教练。

当我问到团队管理带给他最深刻的感受时，他的脸色有点尴尬。沉默片刻后，他对我道出心声："天天跟下属沟通，身心俱疲，可他们仍然没有什么改变，还没有按照我的要求做，我还不如没有任何下属，一个人每天多加班2个小时完成工作任务，这样反而更轻松一点。"

我听得出这是一句气话，也听到他话语中的挫败感和无奈。

他做了很多沟通去指导下属，可是收效甚微，甚至到了身心俱疲的程度。他不知所措，看向四周让他不如意的人和事，开始抱怨，甚至想要放弃。除此之外，他似乎无计可施。这种状况经常会出现在很多新晋领导者身上。

我看着小徐，问了他一个问题："我听说个人的职业规划就是逐步走向更高的领导岗位。想要实现你的职业规划，面对团队管理的挑战时，还可以做些什么呢？"

听到这个问题，小徐无奈的眼神里突然出现一点光亮。他开始带着兴趣，跟我描述他在日常管理中的一些情境，想听听我对他的所作所为、所言所感有哪些观察和反馈。

那一刻，我感受到了他的能量在不断升高。眼前的他不再是挫败和无奈的状态，而是积极主动的样子。当目光转向自己的时候，他似乎一下子找到了什么抓手。

在接下来的交谈中，我发现小徐是个自我觉察力很强的人。这是因为他能留意到并准确地记住自己在管理场景中做过的事情和说过的话。

他的描述向我还原了很多现场的信息。通过他的描述，我发现了他惯用的沟通方式。

小徐喜欢告知下属，沟通中常常是自己单方面的解释和说明，喜欢直接给出指令和建议。如果下属没明白，他就再来一遍，一遍遍重复，直到自己的情绪崩溃。

我把这个发现直接反馈给他，问他："当你一遍遍地告知下属的时候，内心的期待是什么？"小徐不假思索地回答道："自然是让他们按照我说的方法做。"

"让他们按照你说的做，这句话的潜台词是什么？"我好奇地问。

小徐沉默了一会儿，有点不好意思地回答道："好像是在说他们不行。"

接下来，我请他换位感受一下：如果他的老板一直用这样的方式跟他沟通，他的感受如何？如果他没有在第一时间理解，老板继续用这样的告知方式反复沟通，效果如何？他希望老板以怎样的方式与自己沟通更加有效？

小徐似乎有了些感悟，回答道："我更希望我的老板信任我，向我提问。这样不仅尊重我的思维方式，还可以激发我去思考。同时，我也能通过老板对我的回答做出的反应，确认自己的理解是否到位。"

通过初次见面的一番谈话，小徐得到一些收获，也验证了我与他之间的"化学反应"。就这样，我正式成为他为期半年的教练，支持他融入新的管理岗位。

一个月后，当我和小徐再次见面，开始第一次正式的一对一教练对话时，他告诉我，自己的团队成员已经发生了一些变化：与之前相比，沟通变得积极、主动，可以慢慢理解他的一些要求，自己也没有之前那么累了。

我问小徐："到底发生了什么，让你的团队成员有了变化？"他说："应该是我改变了自己的沟通方式，减少了之前不停告知的方式，多了一些提问。下属如果想回答问题，就得思考、提问和澄清，整个人也就更积极了。"

跟一个月前的无奈、抱怨相比，小徐的状态发生了很大变化，而且因为他的变化，他的团队也发生了一些变化。

这个过程让人惊喜地看到如同歌中描述的情境：我变了，世界就变了。

那么，这个过程中到底发生了什么呢？

接下来，我们从以下几个方面看看，“我变了，世界就会变”在人们的身上是怎样发生的，又如何能在生活和工作中实现。

## 为什么“我变了，世界就变了”？

### 1.从“关注圈”到“影响圈”——从关注外界转向关注自己

史蒂芬·柯维博士在他的《高效能人士的七个习惯》一书中，提出两个著名的概念：“影响圈”与“关注圈”（如图4–1）。

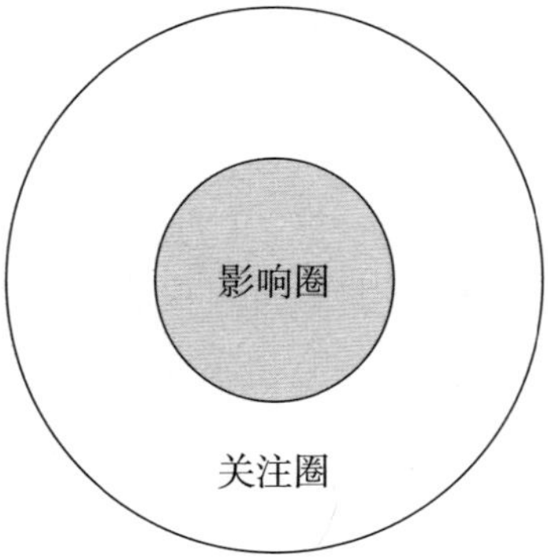


**图4–1　影响圈与关注圈**

每个人虽然性格、爱好、兴趣不同，但都有格外关注的问题，如健康、子女、事业、工作、投资或国际形势等，这些可以被归入“关注圈”，这些东西可以区别于自己没有兴趣或不愿理会的事物。

关注圈内的事物，有些可以被掌控，有些则超出个人能力范围。可以被掌控的部分，在“关注圈”内形成了一个较小的“影响圈”。

如果我们把焦点放在关注圈，就会发现很多事情不如我们所愿，想要掌控却无能为力，只能让自己受制于外界条件。这样持续下去，我们自然不会主动采取必要措施来推动积极变化，剩下的往往就是抱怨、生气甚至放弃。

但一旦我们聚焦于影响圈，着眼于自己，情形就完全不同。我们可以看到自己的思维模式、行为模式甚至语言模式，看到这些模式对结果的影响。

只要着眼于自己，我们就能发现自己大有所为，可以花时间去努力改变自己的模式。当我们的模式变了，结果就会发生变化。

在这种情况下，我们不必担忧外界条件，只要先从自己做起，就可以化阻力为助力，取得意想不到的成果。

“影响圈—关注圈”这个概念告诉我们，**当我们把目光从外界转向自己，关注自己，从自己做起的时候，将会更加积极主动。而当我们发生了变化，就能对与我们相关的人和事产生影响。**

在小徐的变化中，“想要实现你的职业规划，面对团队管理的挑战，还可以做些什么呢？”，这个问题帮助他把关注点从外界转向自己。

当他聚焦在自己身上，开始审视自己的思维方式、行为方式和语言方式的时候，就会发现眼前的管理挑战并不是他原先想得那么无计可施，而是有很多可以在自己身上去努力、去改变和提升的地方。

那一刻，当他的焦点从“关注圈”转向“影响圈”，从外界转向自己的时候，一切都变得可控，也看到了更多尝试的可能性，整个人也就变得积极主动、充满能量。

面对生活和工作的境遇，无奈的不只有小徐，还有很多人跟他一样对一些事情感觉无可奈何的人。在这种无奈面前，让自己的关注点从“关注圈”转向“影响圈”，从外界转向自己，都是打破无奈状态的有效方法。

这让我想起最近的一次教练约谈。安妮是公司的一名高管，有一段时间她在工作中的状态特别不好，这种不好的状态也困扰了她很久。

那时公司的情形很复杂、很混乱，而她想要的是平和而温暖的氛围。面对公司的这种状况，她觉得自己什么都做不了，无能为力，非常痛苦。

在一次教练对话中，她拿出这个话题来交流。我能真切地感受到她的无力感，看到她脸上时不时出现对外求助的神情。

我问了她一个问题：“要实现你想要的平和而温暖的状态，有什么是可以做的？”

她沉默了很久很久，然后一点点道出她可以做的事情：“对每个遇到的人微笑，在自己主持的管理层会议上，关心每个人的状态，认真倾听每个人的发言，营造平和而温暖的气氛……”

我发现她一边说，一边露出笑容，语气也越来越坚定。

“原来我还可以做这么多事情。”说到最后，她咯咯地笑出声。原来那种无助和无奈的感觉，一瞬间就被爽朗的笑声带走。

仅仅把关注点从“关注圈”转向“影响圈”，去看那些自己可控的部分，就能让人有种绝处逢生的力量感，面对当下的处境有了明确的抓手。

**从“关注圈”到“影响圈”——从关注外界转向关注自己，是践行“我变了，世界就变了”这个思维模式的第一步。**

这一步会让我们感受到，无论遇到怎样的处境，都有空间大有可为，不再被外界条件所限制，让自己真正可以着手做些什么，推动事情朝着更好的方向发展。

### 2. 着眼自身，运用乔哈里窗，提升认知，找到自我改变的真正抓手

从“关注圈”到“影响圈”，从关注外界转向关注自己后，自己可

掌控的空间会变得很大。

在这个空间里开始探索的时候，很多人可能会遇到另一个卡点，那就是无法清晰地看到自己，找不到切实有效的抓手。

这些看不到的自己，可能是思维模式、行为模式、语言模式，也可能是更深层次的信念和价值观，以一种无意识的状态展现出来，或者在不知不觉中时刻左右着我们的思维、行为和语言，却没有被我们留意。这些无意识的部分，也成为自我认知的盲点。

看不到的东西，自然就不会去关注和处理。因为没有看到，我们可能还不知道自己蕴含的潜力。

如果这些潜力能够被看到、被使用，在不断地尝试中更好地开发出来，那么我们会有什么不同？因为看不到，我们也不知道自己到底被什么东西卡住，如果这些障碍可以被看到、被绕过、减少甚至移除，眼前的路又会有多宽广？

这个看到潜力和激发潜力、看到干扰和削弱干扰的过程，就是客户自我探索和提升认知的过程，也是教练在对话过程中带给客户的重要价值。**因为教练工作的基本原理，就是“表现=潜能－干扰”。**

如何突破认知的盲点，看到那些对自己造成影响的模式、信念和价值观呢？我们可以通过乔哈里窗，找到更加有效的突破自我认知的方法。

乔哈里窗（Johari Window）（如图4–2）是一种关于沟通的技巧和理论，也被称为“自我意识的发现—反馈模型”。

这个模型根据“自己知道—自己不知道”和“别人知道—别人不知道”这两个维度，依据人际沟通双方对沟通内容的熟悉程度，将人际沟通信息划分为四个区：公开区、隐藏区、盲目区（也称盲区）和封闭区（也称未知区）。

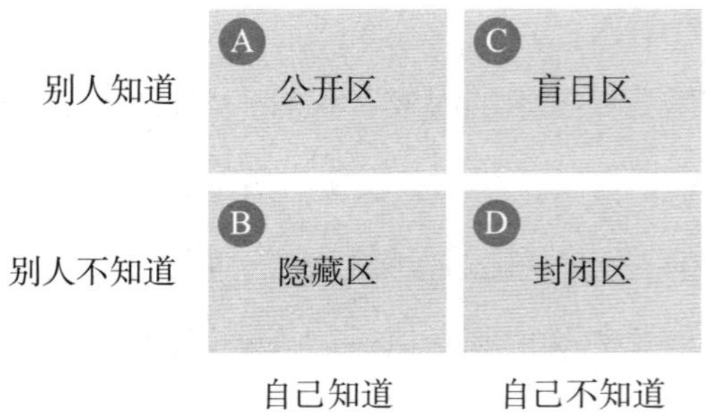


图4–2　乔哈里窗模型

**公开区：**是自己知道、别人也知道的信息。比如，一个人的家庭情况、姓名、部分经历和爱好等，都属于公开区的信息。

公开区具有相对性，有些事情对于某些人来说是公开信息，而对于另一些人可能会是隐秘的事情。

在实际工作和生活的人际交往中，相互分享和交流得越多，共同的公开区越多，沟通起来也就越便利，越不易产生误会。

自己的信息自己知道，别人也知道，这会让两个人之间有很多共同的话题，让对方感觉到自己是一个愿意交往、非常随和的人。这样的自己容易赢得他人的信任，有了这样的信任基础，我们更容易和他人进行合作。

**盲目区（盲区）：**是自己不知道、别人却可能知道的盲点。例如，性格上的弱点或者坏的习惯，某些处事方式，别人对自己的一些感受等。

我们可以通过获得他人的反馈来缩小自己的盲区，找到可以改进和提升的地方。这些可以改进和提升的部分都在自己的身上，是我们可控的部分。

一旦我们通过行动在这些部分获得提升和改进，我们的思维模式、行为模式或者语言模式就会呈现出变化，带给他人的感受会不同，与他人的关系会有变化，面对一件事的想法和做法不同，结果也就自然不同。通过这样的一系列过程，我们扩大了自己对自己的可控部分。

如果当事人没有博大、开放的胸怀，去容纳一些敢于对他直接、真实做反馈的人，他的盲区就有可能越来越大。教练在与客户进行教练对话的过程中，也会常常用到直接反馈，帮助客户去认知到自己的盲区，走出因为认知局限而产生的困惑。

造成一个人盲区太大的原因，很可能就是他自己说得太多，问得太少，不去询问和倾听别人对他的反馈。不去询问和倾听的背后，可能有很多内在信念存在，这些信念影响了我们的思维方式、行为方式和语言方式。

相反地，要想缩小自己的盲区，在沟通中，不仅仅要多说，而且还要主动创造机会获得他人的反馈，提升自己的认知，缩小盲区。

**主动获取反馈是需要勇气的，也是自我改变、自我突破的重要一步。**

在公司组织的人才发展项目中，常常用到的360反馈、教练辅导，都是通过外在反馈，拓展目标人才在自我认知领域的不断提升。

**隐藏区：**是自己知道、别人却可能不知道的秘密。例如，某些经历、心愿、阴谋、秘密，以及好恶等。

一个哪怕再真诚的人也需要隐藏区，完全没有隐藏区的人，其心智是不成熟的。但是，**在有效沟通中，适度地打开隐藏区，这是增强信任、提升沟通成功率的一条捷径。**

如果一个人的隐藏区过大，那么，这可能是一个内心封闭的人，或者是个很神秘的人。对于这样的人，人们对他的信任度可能会很低。而适当地袒露自己的心声和想法，可以帮助我们获得更多的信任感，建立更亲近的关系。

**封闭区（未知区）：**是自己和别人都不知道的信息。例如，自己身上隐藏的疾病、尚未展现出的潜能等。

未知区是尚待挖掘的黑洞，也是尚待开发的宝藏。也许通过某些偶然或必然的机会，会得到别人较为深入的了解。

当一个人的某些潜能被看到，并得到较好发挥的时候，自我认识也会不断深入。

未知区大，意味着关于自己的信息，自己和别人都不知道。如果一个人不去询问别人对自己是否了解，也不主动向别人介绍自己，那么，这种封闭会使一个人失去很多借助他人发掘潜在可能性的机会。

所以，一个人要想尽可能缩小自己的未知区，就要主动让别人了解自己，主动告诉别人自己能够做什么。

如今，乔哈里窗模型是已经被广泛使用的管理模型，其中一个非常普遍的应用就是分析以及训练个人发展的自我意识。

透过乔哈里窗，我们可以看到，**主动向他人袒露自己、获得他人的反馈，这是提升自我认知、发现自己固有模式、找到改变和提升抓手的有效做法。**

运用乔哈里窗，我们来看看在小徐的案例中到底发生了什么。

在小徐刚刚晋升到管理岗位时，他花了大量的时间与下属沟通，这种沟通是分享信息、建立信任的有效途径。沟通得越多，他与下属的共同公开区就越大，沟通也就越便利。

可是，当这种单方面的沟通持续下去，并没有起到期待的效果时，小徐不知道发生了什么。因为迟迟没有看到结果，小徐就觉得出了问题，却又不知道该怎么做，便忍无可忍。这个时候，他其实是卡在盲区里。

当我作为教练，从一个旁观者的角度反馈我的发现——小徐常用告知的方式沟通时，当我帮助小徐换位到员工的角度去体会和思考，让他去体验他人对这种沟通模式的感受时，他就有了新的发现。

一旦他人的反馈帮助小徐有了新的发现，创建了新的觉察，小徐就提升了对自己的认知和觉察，在盲区上就有了一些突破，并在一定程度上缩小了自己的盲区，看到更多关于自己的模式，并找到更多可以作用在自己身上的抓手。

当聚焦到自身时，我们就可以运用乔哈里窗理论，借助他人的反馈提升自我认知，缩小盲区，发现那些真正干扰我们的模式，有意识地去觉察和改变。

这种通过他人的反馈来发现自己的盲区，从而找到自我提升抓手的方法，在生活中的应用场景也很多。这些反馈都能帮助当事人有效地获得新的发现，从困局中挣脱出来，找到新的抓手。

老李是一个成功的企业家，也是一位父亲。事业成功的他，在孩子教育上遇到了挑战。

他看到孩子报名各种学习班，有的课程甚至只上一两次课就不去了，觉得孩子不求上进、没有责任感。

他想要改变孩子，也尝试过各种各样的方式支持孩子，如尊重孩子的选择，按照孩子的意愿报名活动，可是孩子仍然会出现半途而废的情况。他尝试过的各种方法，对孩子的行为改变并没有产生太大影响。

最近，他开始考虑用搬家的方式给孩子创造一个更加积极正向的环境，刺激孩子的斗志。比如，换一个新的居住环境，在新环境周边住着堪称榜样的小伙伴，而且新家的居住条件变得艰苦，让孩子体会生活不易。

可是，这个选择也会给老李现在的家庭生活造成很多影响，所以他一直在纠结。

在一次和我的教练对话中，老李提出这个议题。在他描述自己如何全力以赴支持孩子的选择时，他曾无奈地对孩子说了这样一句话："我支持你的选择，但是你要做什么就给我做出点名堂呀！"

在老李的话语中，我发现他似乎有这样一个信念：干什么都要干出点名堂。当我把这个发现反馈给老李，问他听到我的反馈有什么发现的时候，老李愣住了。

他说："我从来没有意识到自己对孩子有这样的期待。'干出点名堂'不是孩子想要的，是我想要的。孩子只是想学习和享受自己喜欢的各种活动。这个信念导致我对孩子的期待过高，这种期待让孩子倍感压力。孩子会觉得做什么都达不成父亲的期待，索性就放弃吧。孩子当下的消极状态，可能跟我的这个信念有关。要想改变孩子的情况，首先考虑的不是搬家，而是替换自己的信念，改变自己跟孩子的沟通方式。"

所以，通过外部反馈发现自己信念模式的盲区后，老李将焦点从外在环境转向自己，通过改变自己，去给孩子创造一个新的环境，从而影响孩子发生改变。

如果留心，我们会在生活和工作中发现很多这样的事情。聚焦外部环境，会发现困难重重，而聚焦自己、改变自己，会发现一切都是可控的。一旦我们变了，周围的人就变了，世界就变了。

### 3. 理解情绪ABC理论，觉察和改变自己对事件的解读，就会得到不同的结果

情绪ABC理论由美国心理学家埃利斯创建。该理论认为，人的情绪和行为结果不是由经历的某一事件本身引起，而是由经历这一事件的人对这一事件的解释和评价所引起。这是情绪ABC理论的基本观点。

在情绪ABC理论模式中，A（Activating event）是指诱发性事件（事情的前因）；B（Belief）是指个体在遇到诱发事件之后相应而生的信念，即他对这一事件的看法、解释和评价；C（Consequence）是指特定情景下，个体的情绪及行为的结果（事情的后果）。

如图4–3中，事情的前因（诱发性事件）A，事情的结果（个体的情绪及行为的结果）C，有前因必有后果，但是有同样的前因A，可以产生不一样的结果C1和C2。

比如，同样是在拥挤的公交车上被别人踩了一脚，小王心情平和，没当成一回事，这件事就过去了；而小张可能会暴跳如雷、张口斥责，最后以一场争吵、打斗甚至更严重的后果结束。

到底发生了什么，让同一个触发事件的结果如此不同呢？这是因为从前因走到后果，会通过一座桥梁B（Belief），这座桥梁就是信念，即我们对情境的评价与解释。

如图4–3所示，同一情境之下（A），不同人的理念以及评价与解释不同（B1和B2），所以会得到不同结果（C1和C2）。因此，事情发生的一切根源缘于信念，即人们对事件的想法、解释和评价等。

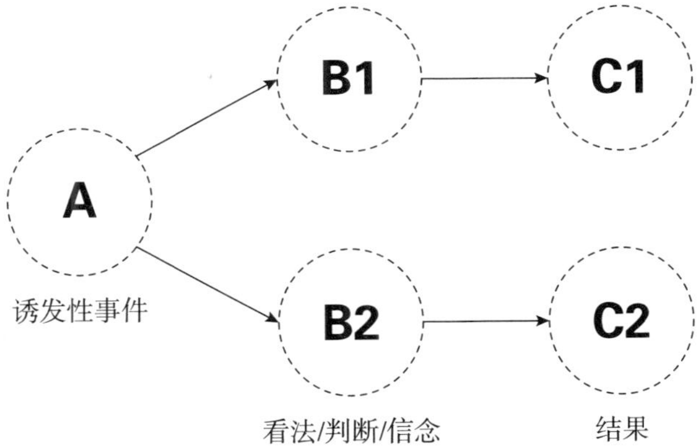


图4–3　情绪ABC理论

**“一念智即般若生，一念愚即般若绝。”将情绪ABC理论模型应用于生活中，我们会发现，当一件事情发生，如何看待这件事至关重要。在转念之间，世界就会不同。**

那么，如何将情绪ABC理论模型应用于实际工作和生活中呢？

以前文的小徐为例。通过他人的反馈意识到自己认知的盲点，小徐发现自己固有的沟通模式是告知，而告知这种方式并不起作用，于是小徐开始将注意力从关注外界转向关注自己，在自己的沟通方式上下功夫，做出改变。

为什么小徐会常常用告知的方式来沟通呢？不断地采用告知的沟通方式，是因为小徐看到下属没有按照他的要求去做。那么，对于下属没有按照他的要求去做这件事，小徐的看法是什么呢？在与小徐的沟通中，他说到自己的期待是让他们按照自己说的方法做。

在生活、工作中，我们往往喜欢用自己的标准和原则要求他人。当他人的想法和做法不符合我们的标准和要求时，我们往往会参照自己的系统去理解和解读，心生评判，他们不行，这样不对。

评判对错、好坏的信念带来的行为方式，就是不断地要求他人按照自己的方式行动，这可能导致不停地告知、想要去控制的行为。

其实，每个人都有自己的认知系统，有自己探索世界和认知世界的独特方式。

我们通过视觉、听觉、味觉、嗅觉和触觉，从外界搜集来大量的信息。我们会基于自己的经验、价值观、信息感知偏好等，将这些信息进行过滤，再将过滤后的信息作为事实。而这个事实其实只是基于自己认知系统的事实，并不是他人眼中的事实。

“一花一世界，一叶一菩提。”由于认知系统的不同，那么，即使面对同一处风景，每个人眼中的世界也都是不同的。如果放下评判，我们对事情的看法也会不同。

在小徐的案例中，当我问小徐：“想要下属按照你的方式去做，背后的潜台词是什么”，小徐发现自己对下属是有评判的，他认为，“下属不能按照自己说的方式去做”，就等同于“下属不行”。

当小徐放下这种判断，换位思考，感知到从他人角色上看这件事情的方式与自己不同时，就能帮助小徐转变对事件的看法。当看法变了，信念变了，行为也自然就变了，如图4–4所示。

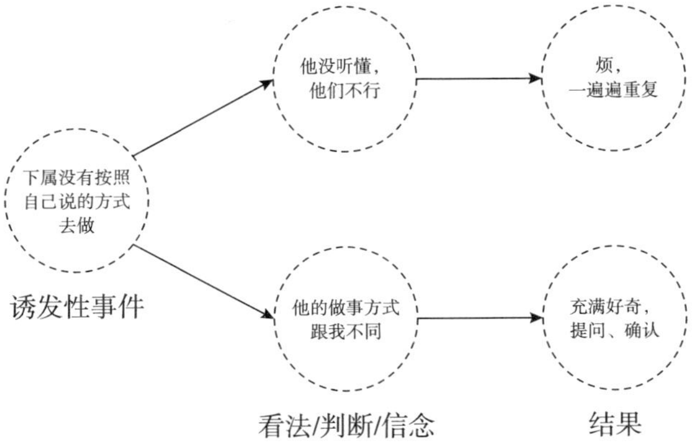


**图4-4　不同的信念，带来不同的结果**

接下来，我会用自己的亲身经历，来跟大家分享一个我的改变。

在我的教练成长道路上，遇到过很多大大小小的挑战和问题。我意识到当我用不同的方式看待这些挑战和问题时，我的情绪状态、内心选择和行为结果都会大有不同。

记得刚开始做教练不久，我有机会参加一个为期3个月的组织教练项目，辅导一名企业销售部门的中层干部，他带领着一个7人的销售团队。

教练辅导进行到整个项目周期过半的时候，辅导对象突然告诉我，最近这段时间他不方便，需要等一些时间。我以为他工作很忙，就欣然答应了。紧接着，我从项目组得知辅导对象是因为情绪压力的原因住院了。

考虑到对辅导对象的有效支持，教练团建议为该客户更换一名教练，并决定由我出面，主动跟辅导对象沟通，征求他的意见。

当教练团提议把我换掉（A：诱发性事件）的那一刻，我非常沮丧。自己要被换掉的这件事，让我觉得自己根本不是一名合格的教练（B：看法）。我开始怀疑自己到底有没有能力做好教练工作，甚至有时会出现是不是要放弃做教练的念头（C：情绪和行为结果）。

类似的场景很多人都可能遇到过。一件让人并不愉快的经历发生了，这件事对我们的触动和影响很大，甚至会影响我们的决定。

面对这件事，如果自己当时没有及时觉察到自己负面情绪带来的影响，没有去修正自己的看法，我可能真的会因为自我否定而放弃教练的方向。

事情发生后，我进入了不断自责的状态。那个时候，多亏我求助于教练，才通过教练的提问，让我看到自己的盲点和模式，转变了对这个事件的看法。

当我告诉教练，自己在这次项目中的遭遇时，回想了一下我当初辅导他的过程："我对辅导对象几次辅导过程中的情绪状态变化是有过担心的，因为我不知道他情绪突然从低落到高涨，变化的背后到底发生了什么。我提问的时候，他很少正面回答问题。后来看到客户的情绪很高涨，我虽然担心，但是也没继续追问。没想到，我曾经的直觉是对的，却没有相信自己的直觉去为客户做些什么。"说到这里，我又陷入自责。

教练接下来的几个问题，让我对事情的看法发生了转变：

- 尽管一直带着不安，但是教练活动仍然顺利完成。如果事情是这样发生的，你能有什么收获？
- 站在今天回看过去几次完成的教练对话，你的学习和收获是什么？
- 如果让你重新完成前几次的教练对话，会有哪些不同的做法？
- 基于上面这些思考和学习，现在你怎么看待教练团提出更换教练这件事？
- 基于今天对话过程中的思考和发现，你接下来会做些什么呢？

教练的这些问题让我意识到这次事件是我的学习契机。如果我带着不安和疑问，而项目却顺利进行下去，没有发生任何事情，那么，我不会有任何成长和收获。而现在，问题呈现出来，倒是让我看清楚到底发生了什么，给我提供了一个学习的好机会。

于是，我开始转换看待这个事件的视角，情绪状态和行为结果就不同了（如图4–5）。

复盘后，我主动与客户联系，表达对客户当下压力的理解，也把我之前的一些发现和担心跟客户分享，再询问客户当下的需要，以及是否需要更换教练。

结果，客户愿意继续接受我的教练支持，我们之间的沟通也变得更加直接、坦诚。

这个事件没有终结我的教练生涯，反倒让我从中看到教练项目中可能会出现的各种状况，看到自己的不足，找到提升的路径，也学会了如何在挑战面前鼓起勇气去面对。这次事件的成功应对也带给我很多经验和自信。

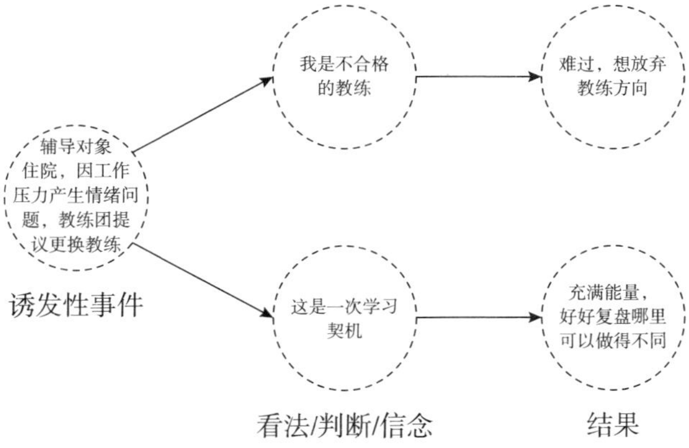


**图4–5　不同的看法，带来不同的结果**

在生活中，我们每天都会遇到不同的触发事件，对事件的看法和判断的不同，会把我们的情绪、选择和行为结果带去完全不同的方向。

如果我们看待事件时总能找到正向积极的角度，我们的情绪状态、选择和行为结果也会变得积极、有成效。

当我们卡在死胡同里，怎么也不能转变视角的时候，乔哈里窗模型告诉我们，可以借助他人和外界的反馈来弥补认知盲点，帮助我们找到一个新的、积极的视角去看待触发事件，其价值和意义是很大的。

**当我们的看法变了，情绪状态会变，做出的选择会变，事情的结果也会变，世界自然也就变了。**

## “我变了，世界就变了”怎么做?

在现实的生活和工作中，如果常常从以下角度思考，进行自我教练，那么，我们也可以通过改变自己、改变世界。

当我们把关注点过多地放在外界“关注圈”觉得无能为力时，可以问问自己：

1.我想达成的目标/成果是什么？要达成我想要的目标/成果，我可控的部分是什么？

2.我自己的哪些模式和信念，限制了我扩大我可控的部分？

3.我的这些限制性的模式和信念，除了我认知到的，还有什么人能够给我一些反馈？

4.如果放下评判，我会怎样看待别人给我的反馈？

5.通过审视自我认知和他人反馈看到的这些模式，我看到自己有怎样的信念？

6.这些模式和信念，对我产生的影响是怎样的？

7.尝试用一些正向积极的信念和看法，替代那些负向消极的信念和看法，会有怎样的不同？

8.这些积极正向的看法和信念，会带来怎样不同的情绪和行为、结果？

9.如果我的信念和行为变了，会给周围的人带来怎样的影响？

10.那时的我，跟现在有什么不同？

每个人都有无限潜能，可以通过教练或者自我教练发掘出来。每个人身上都蕴藏着巨大的能量，当我们释放出这些潜能，发生了变化，这个世界会因自己而变。当我们看到自己内在的干扰，通过努力去减少这些干扰对自己的影响时，我们也会发生变化，从而带动周围的世界发生变化。

**改变世界不是去用力地改变外界的事物，而是把关注点放在自己身上，通过提升自我认知、发现盲点、关注盲点，改变我们对事件的看法，去改变行为和事情的结果，从而影响周围的人和事，让这个世界因为我们变了而发生变化。**

## 成长百宝箱

**教练的基本工作原理：表现=潜能－干扰**

每个人都希望自己在人生中能够有出色的表现。那么，一个人的表现又与什么相关呢？

企业教练先驱添·高威提出一个经典的公式：表现=潜能－干扰，这个公式也是教练的基本工作原理。教练主要的工作就是对于一个人、团队或组织，激发其潜能，消除其内部障碍，提升其表现。

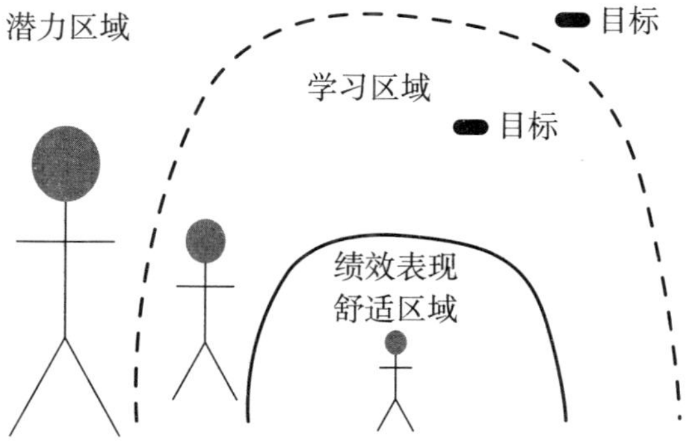


**图4–6　舒适区域、学习区域、潜力区域**

先谈谈潜能。如图4–6所示，舒适区域呈现的是人们的心理状态和精神状态。

人们固有的习惯、观念、行为方式、思维方式和心理定式，使人们处于一个只属于自己的“心理舒适区”。在这个区域内，人们常常感觉放松，有自己的节奏，有自己的做事方式，有自己的为人处世模式，不愿被打扰。

例如，有的人不愿和陌生人交谈，不愿被人批评，不愿按规定时限做事，不愿主动关心别人……总之，人们喜欢待在一个只属于自己的领地。

然而，舒适区域往往小于人的潜力区域。也就是说，当人处在舒适区域的时候，只发挥出自己潜能的一部分，甚至对有些人来说，只是很小的一部分。

当我们想要达成的目标在舒适区域之外时，我们必须要走出舒适区域。在走出舒适区域、达成目标的过程中，我们会形成新的习惯、观念、行为方式、思维方式和心理定式，从而走进一个更大的舒适区域，发挥出更多的潜能。

潜能可以通过提升达成愿景目标的意愿度来激发。对愿景目标的向往、对现状的不满和迈出第一步的勇气，都是意愿度的构成因素。

走出舒适区域、达成舒适区外的目标，需要改变固有的习惯、观念、行为方式、思维方式和心理定式。无法达成自己想要的目标，通常是因为我们在走出自己习惯模式的过程中，受到很多内在的干扰。

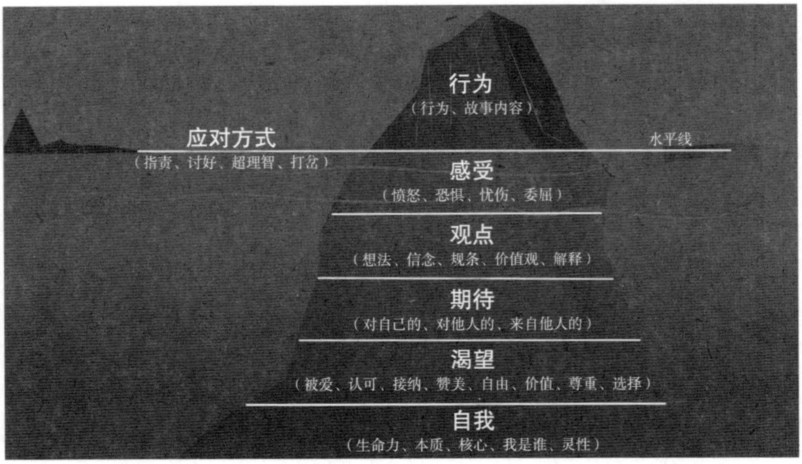


图4-7 冰山模型

图4–7所示的冰山模型是美国著名心理学家麦克利兰于1973年提出的一个著名的模型。所谓“冰山模型”，就是将个体素质的不同表现方式，划分为表面的“冰山以上部分”和深藏水平线下的“冰山以下部分”。这些素质构成一个人的整体。

来自水平线上的行为模式，以及来自水平线下的情绪，如对失败的恐惧；或者一些思想和信念，包括我们对他人认同的期待，对于外在回应的渴望，甚至对自我的认知等，都会成为内在的干扰。

所以，要想让一个人的表现更出色，就要在激发潜能和削弱干扰上工作。理解了教练的基本工作原理，相信我们也可以通过他人和自我的支持，运用这个工具，不断提升自己的人生表现。

UPGRADING MINDSET

第5章

# 抽离出来，觉察自己

作者：余云

我们的烦恼和痛苦都不是因为事情的本身，而是因为我们加在这些事情上的观念。

——奥地利心理学家阿尔弗雷德·阿德勒

【本章作者简介】

余云，罂乾组织教练，五维教练领导力认证导师、速赢十段影响力认证商业讲师、正面管教认证家长讲师，商务教练、团队教练、个人教练。

30年教育系统从业经历，在教练领域有近10年经验，先后任职世界500强企业、跨国企业、上市公司、上海高校、创业公司的中高层；教练的对象包括高管、医生、教师、企业主等。近年来运用新的思维模式，在自我教练和教练他人上卓有成效。

使命：致力于个人、团队的内在系统升级，N+1是我能给予最好的礼物。

生活中我们都会遇到一些问题，有这样或那样的不舒服。

有时候是和自己过不去；有时候是觉得其他人不如己意；有时候看得到自己的情绪波动，却无法把控；有时候明明知道自己这么做结果并不理想，就是不想改变行为。

我们是否还在为这些事苦恼、痛苦呢？可能已经为此尝试过很多方法，学习诸多知识，参加一些课程。可即便如此，似乎依然没有太大的改变。

如果是这样，那我们可能忽略了一个很重要的因素：我们和自己对过话吗？

在每个人的心里住着好几个自己，心理学家称之为："小我""本我""超我"。有时，"他们"合而为一，我们就可以轻松地生活在当下；有时，"他们"分开各自活动。当"他们"和我们的当下分离时，在意识层面我们就会感觉到被"抽离"。

**抽离有两种情况，分为无意识抽离和有意识抽离。**

多数人不在当下时，基本上处于逃离式的无意识抽离状态，这时感受到的是身心不一致，多数时候不是处在内疚的过去就是处在焦虑的未来。

这是意识层自我保护的一种机制，它想为我们负责，帮我们找原因，让我们感觉好一些。在一个人不愿面对当下的不适和无措感，不知道如何处理又不想突破舒适圈去扩大自己的能力范围时，一个人陷入无意识、逃离式的自我抽离的概率就会有所提升。

例如，在写这篇文稿时，我就经常处于逃离式的抽离中：一会儿埋怨自己以前没有好好学习，导致现在的文笔不够优美；一会儿担心自己写出来的文章读者不爱看；有时候，还会无意识地时不时起身去做些和写作无关的事情。每当我后知后觉地发现时，无效的时间已经过去很久。

无意识的抽离比较难发现，因为很多时候我们都处在“自动驾驶”的模式，除非自己有意识地觉察，觉察自己的思绪是否跑到过去或者未来，清晰自己的状态是否和当下分离。当有了这一份觉察，改变才有可能发生。

在这里，我们主要聊聊有意识的自我抽离。有意识的自我抽离是指一个人清晰知道自己具有外部意识的过程，也就是自我对话的发生。

当我们思考“发生了什么？”“我的感受是什么？”“在这件事情里，我有什么样的习惯行为模式？”“我现在的情绪是什么？”“我的思考依据是什么？”“我做这件事有没有更好的选择？”等类似的内心对话时，当我们积极主动地去尝试最早把NLP（神经语言程序学）完整全面地介绍进国内的李中莹老师“我接受，谢谢，对不起，我爱”的方法，当我们用国内大师级MCC教练唯恒老师“停下来、向内看、从习惯、到选择”的方法和自己对话时，我们就在经历有意识地“抽离”，将自己一分为二，和自己的内心进行对话。

当我们真正“抽离”的时候，会感觉到有个“自己”站在一个高纬度的视角看待眼前发生的事物。**“抽离”时，外部意识的觉察、修正，让情绪变得可控，观念能被看见。**

按下暂停键，从“人、事、物”中抽离出来，和自己保持一定距离，有了停顿的时间和觉知的空间，给自己理性分析的机会，我们就可以有逻辑地、有计划地、有秩序地、讲究方法地修正自己的信念，产生新的“有意义的”行为。

## 思维运作模式

有一句话广为流传：“行为养成习惯，习惯形成性格，性格决定命运。”这句话，曾经深深地影响我很长一段时间。

那时候，我的观念是“人的命运是不可改变的”。生活难免会遇到一些不如意的事，我却不知道怎么去改变，总是归咎于命运，归咎于性格。我不知道我可以做些什么改变我的命运。

因为我看到这句话的时候，已经过了年少时期，性格已基本定型。在那段时间里，我是无助的。

直到有一天，我在一次教练培训课上知道：**习惯不会被忘记，但是可以被替换，可以重新养成一个新的、合适的习惯，去替换老的、不合适的习惯**。那一刻，我仿佛看到希望，我还有改变的机会，可以去养成新的习惯，使我的生活走上新的轨道。

随着课程的深入，我知道习惯是由很多无意识行为而来的，而无意识的行为是由观念决定的。那我们的观念又是怎么形成的呢？

人的思维特征：观念—行为—结果，这三者形成循环圈。想要改变，就要从这个基本模式着手。

从小到大，我们通过看见、模拟、学习、反思、决定等方式，形成很多观念，在这些观念的促使下，遇事会无意识地自动选择相对应的行为。由于我们的行为不一样，会导致结果不同（如图5–1）。

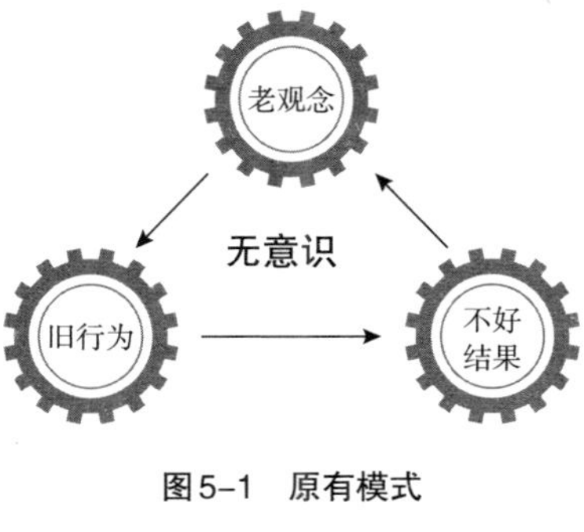


**图5–1　原有模式**

例如，在一个城市中生活着两兄弟，哥哥经常醉酒、打架，多次锒铛入狱。而弟弟非常勤奋上进，是当地有名的大法官。

有一位记者很好奇，为此专门采访了这两兄弟。当问到是什么使得他们走到今天的地步时，哥哥回答：我生活在一个贫穷而不幸的家庭里，母亲很早就去世，父亲嗜酒如命，一喝醉就打我们兄弟。面对这样的生活，除了犯罪，还能期望我做些什么呢？**我没有其他的选择。**

而面对同样的问题时，弟弟的回答是：我生活在一个贫穷而不幸的家庭里，母亲很早就去世，父亲嗜酒如命，一喝醉就打我们兄弟。面对这样的生活，我只有拼命努力地学习和工作，因为只有这样才可能去改变我的生活。**我没有其他的选择。**

同样的生活境遇，居然造就两种截然不同的人生！

这个故事告诉我们：生活中发生什么事不重要，重要的是我们通过这件事看到了什么，以及我们形成什么观念，最终做了对自己今后人生产生什么样影响的决定。

**真正决定我们人生之路的"关键"，在于我们自身对事情的解读和对观念形成的选择。我们自己选择自己的思维模式，做出对自己人生产生影响的决定。**

人的观念一旦形成，会潜入无意识，不易被察觉，也很难改变，除非自己刻意去感知、觉察、修正。

为了解决我们的问题，我们必须如实地观察，不仅要学会认清表面的、显而易见的实相，还要穿透表层，觉察较细微的内在实相，再进一步了解最终的真相，最后才能体验到有选择地从痛苦中解脱的方法。

那么，我们先要看清实相——事实到底是什么？

## 把镜子擦亮，看清事实

在《事实》这本书里，作者汉斯·罗斯林提出了13个关于贫穷和财富、人口增长、出生、死亡、教育、健康、性别、暴力、能源和环境等问题，这些都是关于世界现状和趋势的基本问题，在全世界范围内进行调查。

调查显示，绝大多数人对这个世界的理解都是错误的。在科学家、大猩猩和普通人的答案里，大猩猩的错误均匀分布在两个错误答案之间，然而，人类的答案却毫无例外地偏向一个方向。

“这些错误并不仅仅是简单的错误，而是系统性的错误。”简单来说，人们想象中的世界比真实的世界更加夸张。“诺贝尔奖得主和医学研究者在有些问题上错得令人震惊，这不是一个关于智商的问题。貌似绝大多数人对这个世界的理解都是错误的。”

为什么如此多的人会错得如此离谱？汉斯·罗斯林总结整理了十个重大误解的产生缘由及实事求是的解决方法。在这里我只做简单表述，有兴趣的读者可以去找原著看。

1. 一分为二的解决方法：事情不是非黑即白，我们要坚持寻找绝大多数的同时，也要寻找更多其他可能性；

2. 负面思维的解决方法：当被负面思维左右时，我们可以提前做好应对坏消息的思想准备，让自己有备无患，减少心理负担；

3. 直线思维的解决方法：凡事都有3种以上的可能，想想影响这个问题的因素都有哪些？有没有什么地方我们没考虑到？还有没有其他可能？

4. 恐惧本能的解决方案：冷静下来理性评估，计算面对真实可能带来的风险，不能避免的，学会接受它；

5. 规模错觉的解决方法：我们要学会关注比例的数据，牢记二八原则，不要被次要的多数带偏，而忽视了最重要的小部分；

6. 以偏概全的解决方法：思考我们自己的分类方法是否出了问题？

想想盲人摸象、管中窥豹、一叶障目、井底之蛙的成语故事；

7.命中注定的解决方法：更新我们的知识，提升我们的能力，突破我们的认知，我们也可以改写命运；

8.单一视角的解决方法：做一些比较，多一些换位，扩展思路，学会反思，用慈悲的心去包容；

9.归咎他人的解决方法：停止寻找替罪羊，而是寻找真正的原因。思考在这件事情中，我们自己可控的是哪部分？如何防止类似事件再次发生？

10.情急生乱的解决方法：停下来，深呼吸，了解真相，思考为什么这些问题这么重要？以往有什么类似的事件发生？当时人们怎么应对这类事情？我们汲取到了什么经验？

**在现实生活中，我们很少会详细地对每一件事件进行分类，但会简单地给它们套上两个外套：一个叫“判断”；另一个叫“演绎”。**

下面我们来找找哪些是事实，哪些又被套上了外套呢？

1.开会时，小李总是迟到。（“总是”：给人的误导是规模错觉，这是判断。）

2.陈先生，很没有礼貌。（“很”+“礼貌”：每个人对它们的标准要求不一，容易掉进单一视角的误区，这是判断。）

3.金老板，今天的会议迟到了15分钟。（人、事、标准清晰，这是事实。）

4.昨天，我的老板无缘无故冲我发火。（“无缘无故”：陷入了直线思维，这是判断。）

5.都是小马拖后腿，要不然这次任务肯定能完成。（“小马拖后腿”：有归咎他人之嫌，这是判断。）

6.我的孩子，就是不做我让他做的事。（“就是”：给人感觉命中注定，这是判断。）

7.刚刚我听到许小姐说：她去五楼找你。（时间、人物、事件清晰，这是事实。）

8.我最近状态很差，业绩表现很不好。（“很差”“表现很不好”：表达更多的是负面思维，这是判断。）

9.小刘在“双11”买了5000多元的东西，这么花钱以后谁敢跟她过日子。（“这么花钱”+“谁敢跟她过日子”：形成了一分为二的逻辑，这是演绎。）

10.我看到邱经理着急找你，等下有你好看的。（“有你好看的”：容易诱发恐惧本能的思维，这是演绎。）

生活中的每一件事，我们都可以拿来和身边的人讨论一下，看看谁能快速地识别出事实的外套，并说说自己是从哪些迹象中发现的。

**这个练习很重要。误解、判断、演绎让事实蒙上灰尘，经过清理后的事实，才是纯净的事实，是这个思维模式练习的前提。**

那我们要如何揭开事实的面纱，看见它的真貌呢？答案是保持谦卑和好奇心。

**常有虚怀若谷谦卑的心，才能看清事实。**就如《卖油翁》里所描述的，翁曰：“我亦无他，惟手熟尔。”让我们打开了认知的局限性；

又如孔子曰：“三人行，必有我师焉。”当我们坦然地说：“我不知道”，保持空杯的心态时，世界会把它不一样的那一面呈现在自己面前；

又如“士别三日，当刮目相待”，在我们已经形成的观点里，要随时接受新的事实，来更新我们的观点。

保持谦卑是一件轻松愉快的事情，因为我们不需要对所有的事情都有所了解，也不必随时为自己的观点而辩解。

那么，好奇会给我们带来什么？居里夫人说：好奇心是学者的第一美德。**好奇是人类进步的根源。**

瓦特发明蒸汽机，不过是因为他看到烧水时的情景感到好奇；牛顿看到苹果落地，好奇让他发现了牛顿第一定律；一个失误的操作，美国大兵、可口可乐发明人约翰·彭伯顿用他的好奇，发明了世界销量第一的可口可乐。

然而，好奇心随着年龄的增长而递减，我们大多数人会停止探索的脚步。当孩子好奇地问“十万个为什么”时，大多数时候，我们要么糊弄地给他个答案，要么给出已经过时的信息。有多少人愿意和孩子一起重新认识世界呢?

**对于孩子的世界，别用自己的方式解读，试着多用好奇的心态去和孩子沟通，我们会有不一样的发现。**

“十万个为什么”是孩子给我们最好的礼物，带着和孩子一样的好奇去探索这个世界吧！试着想一想，假如遇到下面这些孩子的行为，我们要如何回应呢?

案例1：安安听到厨房里传出咕嘟咕嘟的声音，便跑去看，原来是电饭锅的盖子上冒着热气，正发出咕嘟咕嘟的声音。于是，她伸出小手去掀盖子。

案例2：天阴沉沉的，爸爸妈妈急着往家赶。图图在后面东瞅瞅西望望，忽然，他停下了脚步，盯着落在地上的雨点，围着雨点转圈看。

案例3：妞妞对一切关在门里的东西都感到好奇。她总是把家里所有的门都打开，翻看里面的东西，家里的衣柜门、厨房碗柜门、冰箱门，尤其是装着零碎玩意儿的杂物箱，都被她翻看过。

案例4：果果生日这天，爸爸特意给他买了一个新型的机器人玩具，可没等生日过完，果果就把机器人大卸八块了。

案例5：妮妮是个爱思考的女孩，无论看到什么，她总会不停地问大人为什么。

大家有没有发现，在成长的过程中，我们的好奇心慢慢地被生活抹平？而且，在长大后，我们还会不停地扼杀孩子们的好奇心？

让我们尝试对自己好奇吧！每当发生事情的时候，自己会有什么样的反应？是什么原因造成了这种习惯？不妨带着好奇抽离自己、觉察自己，去看见发生在我们身上的事实。

下面我们来讲讲教练如何用好奇式的发问帮助客户去探索、发现发生在他身上的事实。

一位管理者在给下属做绩效评估时非常纠结，因为他希望绩效评估能让每个员工都开开心心，让每个员工都能够被激励到。但是，每次公司给的绩效奖金就那么多，总是有人拿的少一些。面对少拿的这部分员工，他就不知道怎么去激发对方。

于是，教练用好奇式的提问带着管理者一起探索。比如，教练会问："对绩效管理的作用你怎么看？""你觉得绩效管理的流程是什么样的呢？""你想要的激励结果又是怎么样的？""从想要的结果来看，你的挑战是什么？"等。

经过教练一系列好奇式的发问，这位管理者意识到，他之所以每到发奖金的时候会为难，恰恰是因为他疏忽了在平时的绩效过程中做好员工内驱力的激发，而只是在绩效结果考核的时候，依靠奖金这个外驱力进行管理。

另外，他还发现在自己的思维模式里，非常害怕面对下属的负面情绪。他会认为对方的不开心都是他一手造成的，所以在和员工谈话的过程中，他就无法满怀信心地去支持对方，转化对方的负面情绪。

经过几个好奇式的教练问题，不仅让管理者看到在平时管理过程中自己的疏忽，也看到自己真实的思维模式。一旦看清事实的真相后，就可以对症下药，选择更好的解决问题的方法。

## 思维需要迭代，模式可以升级

这几年，电脑的发展速度之快人尽皆知。IT界用“摩尔定律”来形容它的发展速度，大致意思是在价格相同的情况下，每隔18个月至24个月，电脑的电路数目和微处理器的性能就会翻一倍。

电脑的硬件在不停升级，软件也在不停更新。虽然人类的信息、知识迭代速度不至于那么夸张，但我们也会发现：自己在大学时学的前沿知识，在迈出大学校门后的三五年时间里，当初的前沿知识已经过时。

同样地，思维模式也有过时的时候。我们有觉察过要升级自己的思维模式吗？

随着年龄的增长，小时候形成的观念可能已经不能适应长大以后的自己。如果我们没有更新迭代它们的话，就会感觉生活和自己格格不入。

为什么以前可行、好用的方法现在不好用了？就像我们小时候的鞋子很合脚，长大后却怎么穿都穿不进去，穿着不舒服、不合适，那是因为自己要换新鞋子了……

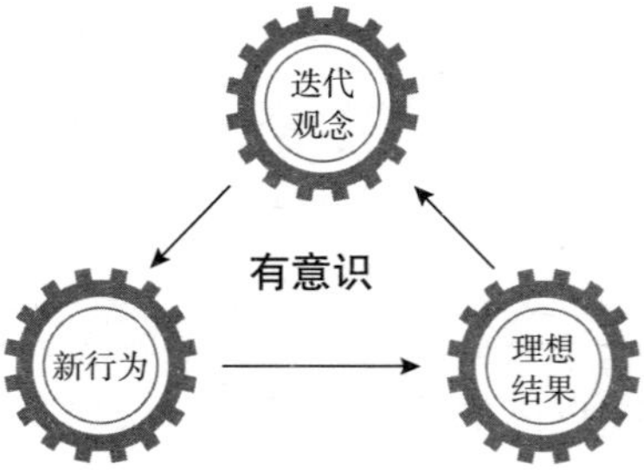


图5–2　更新模式

为了跟上时代的步伐，更新迭代我们的思维模式也显得迫在眉睫（如图5–2）。

在遇到事件之后，不是直接进入“自动驾驶”模式，而是在启动观念时按下暂停键，先思考自己的观念是否需要修正，想想这个观念是否能够给自己带来想要的结果，去看见观念的局限性，并及时做一些调整。

如果我们想要一个新的好结果，需要匹配什么样的新行为呢？**在这里，停留、调整尤为重要，这是抽离出来，觉察自己的关键所在。**因为有了这份觉察之后，新的观念推导出新的行为，新的行为创造出新的结果，新的结果呈现会肯定我们的尝试，提升我们的认知，形成新的思维模式。

有很多方法让我们遇到事情时可以停下来和自己做一下连接，通过转念让新的行为发生。例如，正念冥想、OH卡（潜意识投射卡）、图片视觉描述、镜子练习、绘画及书写、角色扮演、自问自答、沙盘、换框等。这些方法可以帮助我们转换视角、拔高维度看待问题。

我们面对一些事情时，可以在抽离状态下观察自己的思维，感知自己的意识，觉知到真实的自己。我们可以通过训练，感受到它们所带给自己的新的解析和愉悦。

**如果我们能将自己的生活模式，从习惯反应转变为有选择的正面行动，那么，我们就获得了非常宝贵的迭代思维。**

自我发现是一次奇妙的个人之旅，我们会用一种全新的视角，深入发现内在的自己。从习惯反应转变为有选择的正面行动，有一个非常关键的元素是意识，而且意识产生于思维之前。

当我们还是个婴儿的时候，尽管不会说话，没有思维，但是已经有了意识。思维和观念是在意识到来之后才产生的东西。

在有意识状态下，我们是“0”，也是“全部”。如果没有意识，那么我们不会感知到任何事情的存在；在有意识的状态下，我们可以是任何事物的一个部分。

当我们读到这里时，有什么样反应呢？是否认可这些观点并不重要——重要的是要亲身去检验和探究这些观点。

苏格拉底说："未经检验的人生毫无价值。"从我自身的实践而言，我感觉深入探寻真实的自己，是爱和成长的表现。抽离出来、自我觉察，是排解人生旅途中各种困难的有效良方。来吧，让我们试试！

在这里选正念冥想和镜子练习两个方法略作展开，如果对其他方法有兴趣可以去阅读相关的书籍。

我们先来看正念冥想。正念冥想的方法有很多：留意自己的呼吸，山的冥想、湖的冥想，坐、行、立、卧禅等。

正念需要真正感知的是，在这一呼一吸当中，还有一个"息"，休息的"息"。如果我们能够感觉到在"呼吸"中的停顿、转换处的"息"，才能真正感受到正念的魅力。

我们可以试试把注意力放在呼吸上：先吸气，深深地吸入；接着是"息"，什么都没有；然后呼气，缓缓地呼出。在这一呼一吸中，腾空大脑，放飞心灵，摒弃一切欲望和杂念。思绪游离时，记得把它拉回到呼吸上来。

通过一次又一次的呼吸，我们会发现生命很简单，呼吸只是呼吸，看见只是看见，事件只是事件，我们只是一个观察者，顿悟时常在这时发生。

生活总会有不尽人意之处，既如此，何不干脆一点，承认自己无论去哪儿其实都一样呢。当我们能觉察到逃离时，去看见它、承认它，其实在承认的那一刻，就触到了自己的本质。

如同扫地，从初学的"扫地是扫地"，到熟练后的"扫地不是扫地"的惯常行为，直到大师级别的"扫地、扫地、扫心地"的境界，思维的认知是不一样的。

下面我们再来看镜子练习。《创造生命的奇迹》一书的作者露易丝·贺说：做镜子练习，是这辈子可以给自己的一个最有爱的礼物。镜子练习是一个强大的自我疗愈工具，镜子能够反映出我们对自己的感觉，能让我们立刻察觉自己在抗拒什么，又有哪些地方保持着开放、愿意接受的态度。若想拥有快乐充实的人生，镜子可以清楚地呈现出哪些是自己需要改变的想法。

《镜子练习：21天创造生命的奇迹》这本书则从学会爱自己、爱内在小孩、释放恐惧、疗愈关系、接收富足等方面，通过21天的练习，学会爱自己的方法，并将这个世界视为安全又充满爱的地方。

镜子练习怎么做呢？面对镜子深深凝视自己的双眼，然后不断对自己重复肯定的话语——这是我接触到的觉察自己最有效、最直接的方法。

一旦学会镜子练习，我们会更容易察觉到自己所说的话、所做的事，会比过去更深层次地看见自己、连接自己。

当生活中有好事发生时，我们可以走到镜子面前说："谢谢，谢谢，这实在太棒了！谢谢你做了这件事情。"

若发生了坏事，我们也可以走到镜子面前说："没事的，我爱你。刚刚发生的这件事会过去的，但我爱你，永远爱你。"

镜子练习让我们看见并爱上自己，爱上最容易被自己忽视、却最应该被自己爱上的那个人。

不管是正念练习、镜子练习，还是其他的练习方法，都让我们去看见自己当下的思维观念是什么。

当我们可以洞察到自己的局限性观念时，不妨做一下停留、思索、转换、升级自己的思维观念。只有我们的思维观念发生了转变，行为才能多些选择，才能去往想要的那个结果。

## 思维模式转化模型及训练

思维训练最关键的一点是时刻保持觉察，看见思维的形成过程。一件诱发性事件，会引发我们调动自己以往内在的认知系统，对这件事做出评价和解释以及相应的反应：情绪和行为。情绪的发生不到1秒，行为在没觉察的情况下随即跟上。当我们没有感知当下的时候，可能导致一个不想要的结果发生。

觉察是什么？是有意识地知道自己当下的所做所为、所思所想，心中的念头及所有一切念想的缘起。

我们的世界观、人生观、价值观在小的时候就逐渐形成。这些思维模式形成之后，进入潜意识中，无意识地影响并控制着我们。一般情况下，我们往往无法觉察到它们，当处于具体的情景、事情以及各种人际关系互动时，这些模式就会自发地运行。

而觉察就是要唤醒这种“自动驾驶”的状态，看见自己心中到底被什么样的信念所牵引，内观自己并从中得到领悟及智慧。

遇到事情，如果我们时时保持反思，就能洞察到更深层次的智慧。运用这份智慧，许多问题将迎刃而解，这就是自我觉察带给自己的真正价值和意义。

比如，当我们和他人起冲突时，从这当中，我看到自己的什么行为模式？我在意的是什么？我又在害怕什么？我不能够面对的又是什么？我对他人有什么样的期待？我为什么对他会有这样的期待？这些期待的背后，又存在我的哪些价值观？

我们也许就会明白，原来我们在用自己的世界观、人生观、价值观来要求对方，或者我们只是急于引导对方去看到他的不足，而不要看到我们的疏忽。

在我们每个人的生命中，或许有些部分是一直害怕去触碰，并且不愿面对的。成长是需要勇气的，若我们总是逃避去觉察这些部分，那么将无法改变与成长。

遇到任何问题，我们都可以从看事实真相、感受情绪、聚焦意图这三个方面来觉察自己。

比如，我们看到了什么？听到了什么？想到了什么？我们认为的事实是事实吗？真正的事实是什么？现在的情绪是什么？为什么会有这样的情绪？这个情绪想提醒我们什么呢？我们担心的又是什么？哪些是我们的判断？哪些是我们的猜想？哪些又是我们的经验之谈？现在的行为是因为我们想要一个什么样的结果？这么做了以后，会呈现什么样的结果？那个结果是不是我们想要的？我们真正想要的结果是什么？如果我们的行为不能给到想要的结果，我们愿意做哪些调整？为了想要的结果，我们愿意迈出的一小步是什么？等等。

带着这样的问题提升我们的觉察能力，唤醒自己的心灵，走出“自动驾驶”的无意识模式。多一份觉察，对自己的思维观念做一些辩论，运用自己的新系统、新资源，对自己的旧观点做一些更新迭代，试着用好奇去打开新的视角，收获新的体验，产生新的情绪和行为，让不一样的结果发生。

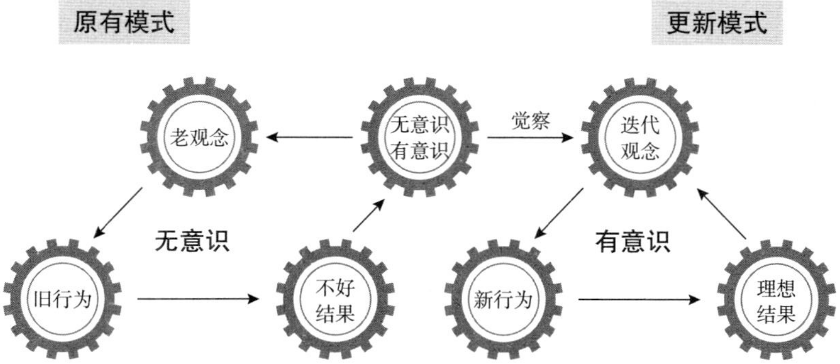


**图5–3　思维转化模型**

从图5–3的思维转化模型看，其关键点在于无意识和有意识之间的觉察、觉知、觉醒。

科学研究表明，一个人每天和自己的内在有86000次的对话在自觉或不自觉地进行中。只要我们能意识到思维的出现，意识到思绪是可以被我们有意识地创造出来的，我们就可以做到从习惯到选择，成为真正醒着的人。

**自我觉察不关乎完美，而是关注自身的成长。痛苦是迈向觉醒的特殊情感，如果我们感觉痛苦，这是觉醒给出的信号。**

通过停下来、向内看、看到自己的习惯性选择，清晰自己卡点背后的担心，释放压力后，转换思维模式，我们就会拥有更多的视角和更多可供选择的行动方案。

## 成长百宝箱

**思维转换：迭代升级观念，提升人格魅力**

通过事件看到自己的惯有思维模式，意识到自己不舒服时，停下来感受一下这种不舒服感，它想告诉我们什么？

通过自我教练，即问自己问题的方式，觉察自己的思维模式，看看是否还适用当前的情况，这里是否有自己的卡点。如果转个念想，让结果多些可能的话，面对想要的结果，自己可以重新选择什么样的下一步行动呢？

**步骤：**

**一、停下来：**当遇到看不惯的事、别人和我的处理方式不一样、我快要和他人起冲突等，遇到类似觉得自己不舒服的事件时，请按下暂停键。

**二、向内看：**思考这件事给我的身体感受是什么？以往什么时候有过类似的体验？当时发生了什么？我当时对发生的事情有什么看法，有什么样的思维模式？这次可能是我的什么思维观念被调动起来？

**三、觉察习惯：**觉察自己的思维模式，以往遇到类似的事情时我会有什么惯性的行为？是什么样的内心对话，让我养成这样的惯性观念？这里面有我的哪些限制性思维？这些观念现在还适合我吗？

**四、做出选择：**我想要的理想结果是什么？如何做才能接近我的理想结果？还有呢？在可供选择的这3—5条解决方案里，我最想迈出去的一步是什么？我愿意去尝试的原因是什么？我去尝试了，会有什么损失？现在的选择，较之前在哪些方面会有所改善？

**总结：**我们可以通过这样的工具，不断地迭代升级自己的观念，在冲突、不舒服中发现自己的思维模式，通过觉察去发掘事情背后的期待和渴望，经过转念提升自己的人格魅力。

当坚持练习一段时间后，我们会发现自己的思维模式发生了很大变化，遇到事情可以不再直接用情绪和行为去表达，而可以选择在事情发生的时候，做一下停顿，让自己多一些思考的时间。

总的来说，思维观念的改变会带来行为的改变，在觉察的潜移默化中，行为的改变又会让生活发生改变。

UPGRADING MINDSET

第6章

# 向内看，往前走

作者：碧安卡

无善无恶心之体，有善有恶意之动。知善知恶是良知，为善去恶是格物。

——明代思想家、教育家，心学集大成者王阳明

【本章作者简介】

碧安卡，拥有上海交大工科和英国曼彻斯特管理学的学习经历，目前就职世界500强企业。

2004年加入GE（通用电气公司）后，16年来一直致力于在每一个岗位上创新创业。从一个初出茅庐的工程师，参与了多个国家的重点项目交付，随着公司变革，成长为一名资深的职业经理人。

2006年在公司新晋升经理的领导力培训中，初次接触教练技术，在工作生活中实践，为职业妇女和大学生提供公益教练和导师指导。2020年系统学习了ICF的教练体系，希望温暖的教练对话能助人助己，突破成长。

什么是“向内看，往前走”？

简单来说，“向内看”就是排除外界干扰，觉察自己，探索自己的感受、立场、观点、需求、意图，真正地了解自己。“往前走”就是根据自己定义的“成功”目标或者理想去行动。

为何此刻强调“向内看，往前走”？

现代人往往被社会世俗价值所绑架，追逐各种“成功”，如收入、地位、荣誉等，容易产生各种焦虑。特别是中国改革开放使得一部分人摆脱贫穷，获得了一定的社会地位和经济地位，达到早年生活温饱无忧的理想后，失去了再出发的动力，在各种选择面前感到迷茫。

从小是“好学生”的我，跟很多比较幸运的“学霸”一样，一路好好学习，天天向上，一步步升学，一步步升职加薪：重点高中、重点大学、世界知名企业……好像一路走来，我就是沿着大家认为“应该”的方向发展的。

某天突然抬头看，自己就职的这个曾经“最值得尊敬”的世界知名企业也遇到发展困境；著名外企经理的头衔也不再是最成功的标签。那些曾经不入眼的民企，那些“粗糙”的创业者被推上各种论坛的风云榜。

我的下一个目标应该是什么？站在快四十不惑的路口，我迷惑了。

我开始走出去，参加各种活动，再次学习探索。随着觉察、提升和成长，我发现自己看世界的方式改变了很多。

这个时候，虽然世界还是那个世界，但感受可能完全不一样了，会发现原来一切源于自己的内心世界。

## 人的一切源于自己的内心

2020年年初，我有幸系统地学习了教练基础课程，了解到教练就是关注人和组织的内在世界。教练通过改变人的内在世界，确定目标和行动方向，支持个人和组织坚定地向着自己的目标行动和前进。这不就是“向内看，往前走”吗？

当我的关注点聚焦在这方面的时候，吸引力法则发生了作用，越来越多的相关理论和故事也飘到我的眼前。

### 1.知行合一的心学

首先不得不提这几年很火的“心学”。王阳明作为儒家学说发展到一定阶段的代表人物，其心学的主要思想即“心外无物，知行合一，致良知”，这个“心外无物”就是强调内心在他主要思想中的重要位置。知行合一，就是心和行一致，按照内心的意思行动。**“无善无恶心之体，有善有恶意之动。知善知恶是良知，为善去恶是格物”就是他的心学四决。**

有个著名的关于花的故事。龙场悟道以后，王阳明更加坚信，心即理，心外无物。

据说有一次，一位朋友指着一朵花问王阳明：“说天下无心外之物，那这朵花在深山中自开自落，于我心有何相关？”王阳明说：“未看此花时，此花与汝同归于寂；既来看此花，则此花颜色一时明白起来，便知此花不在心外。”

虽然很早就看过这个故事，但在多年后才对此深有体会。

外面的客观世界虽然存在，但是只有经过自己所见、所闻、所感、所想，脑子里的一切才构成了自己理解的全面世界。所以，认识自己的内心世界非常重要。

王阳明说，一切问题，都是心的问题，都要从心上找原因。为了生存，为了虚名，人难免要追求一些能使自己感到安全的东西，诸如金钱、名利、地位。如果我们的内心一直盯着这些外物，必然会被外物牵制，让自己精疲力尽。

但是，当我们清楚自己追求这些的原因，出于“良知”的指导去追求一些客观外物的时候，我们就掌握了主动权，势必会充满能量。

### 2.稻盛和夫的真我哲学

不只是中国古代圣贤们“向内看，往前走”，日本商业实业家稻盛和夫以他的阿米巴经营管理理论深得一些企业家的认可。更值得提及的是，他在51年的经营生涯中，一手创立了两家世界500强企业——京瓷和日本电信服务供应商KDDI，却在退休时把个人股份全部捐献给员工，自己皈依佛门，转而去追求至高财富提炼心智。他认为，人生就是提升心智的过程。

他在书中阐述了他的哲学：核心是真我，就是真善美。具体来说，包括坦诚心、上进心、谦虚心、反省心、感谢心、知足心、利他心、乐观心、勇猛心等。他提出贯彻“以心为本”的方针，时时审视自己的心态，千方百计，殚精竭虑，努力把大家的心凝聚在一起。

他甚至提出，人生的目的，归根结底，就是提高心性，除此之外，人生再无别的目的。

自1959年创立京瓷公司，稻盛和夫几十年来一直是京瓷研发的带头人。他发现，一旦发疯地投入工作之中，对某个目标有强烈的渴望，就会在脑海里形成一个意象，身边的任何一个新发生的事都会坚定地指向那个意向。

稻盛和夫的体悟给我们带来了一个相当重要的启示：当一个人对一

个目标有着强烈的持续渴望时，“向内看”，苦苦思索、体悟，就可能在事先“清晰地看见”那个崭新的结果。相反，如果事先没有清晰的意象，就不会有崭新的成果出现。稻盛和夫在人生的各种经历中，体验到“向内看”的重要性。

相关的书籍还有很多。就从书名来看，股神沃伦·巴菲特写了《做自己》给儿子作为人生礼物，李开复写了《做最好的自己》，张德芬写了《遇见未知的自己》，高琳写了《职得——成为自己故事里的英雄》。

杨绛说：我们曾如此渴望命运的波澜，到最后才发现，人生最曼妙的风景，竟是内心的淡定与从容。我们曾如此期盼外界的认可，到最后才知道，世界是自己的，与他人毫无关系。

为什么这么多相对成功的人士都提到做自己？

心理学家说，即使有了外在资源的帮助，也不要忘了“向内求”；有了内在的圆满与强大，不要忘了去外在关系中检验一下，自己是否真的过了这一关。

孟子曰：“柳下惠不以三公易其介。”意思是，柳下惠这个人就算用三公（注：周时有二说，一说，司马、司徒、司空；一说，太师、太傅、太保，是辅助国君掌握军政大权的最高官员）这样的高官俸禄，也改变不了他的做事原则。

追求自己的标准、自己的世界，这是向内求；追求功名利禄则是向外求。向内求，能坚持原则，坚持自我；向外求，就会放弃原则，迷失自我。坚持原则，就能创造属于自己的世界，我们的原则是会替自己自动选择周围的人，与志同道合、心气相通者待在一起，我们的世界会越来越好。

在教练的学习中，我对教练这个关于“人”的工作有了更进一步的了解。在教练的哲学中，“人本具足”“我”是一切的源头，以及曌乾组织教练提出的心智模式，可以让我们一目了然地分析一个人或者组织的状态，聚焦分析关注点，从而采取相对应的行为。

本章所呈现的主要是我四十不惑以来的心路历程，后文将用一些教练工具和思维模式，来分享怎么做到“向内看，往前走”。

四十岁确实是不惑之年，感觉自己确实开窍了。同样的事情，以前感觉过不去的，现在都能过去了。用教练的话说，因为我学会了向内看；在同样的事情上，可以看到、听到、感受到以前看不到、听不到、感受不到的。

说实在的，这样的感觉真好。

## 向内看：你真的认识自己吗？

我们认识自己吗？有人说“当然。”

那么我们是谁？是某公司老板？是某行业资深行家？是某人的爸妈？是某人的家人？……

我们有没有想过，当介绍自己的时候，往往会带上各种“头衔”“角色”。当我们去掉这些头衔、角色的时候，我们是谁？在期望什么？有什么理想？

可能有人说，这个太难了。是的，认识自己是世界难题之一，值得我们用一生来体验。

我在体验一个“非暴力沟通”活动的时候，做过一个感受练习，老师让我们看着镜子里的自己，看一分钟，然后描述自己是什么样的。

很多美女每天也照镜子，但是这一分钟跟平时不一样。有的人看到一个疲惫的自己，有的人看到一张双眼一高一低的脸，我则看到了一个保养不错的中年妇女，有一双好奇的眼睛。

让我们从体验外观开始，来探索自己的情绪、内心需求，来往内看。

1.打开情绪密码

一个国际性的情商发展组织“6秒钟情商”有一个观点：“任何情绪都是我们内心透出的一道光，让我们明白自己内心的一个礼物。”

每一种情绪，包括正面和负面的情绪，都在我们人为地理性参与和影响之前，告诉了我们内心的期望。所以，认识或者觉察自己的情绪就很重要。觉察和管理情绪的能力因此被定义为“情商”。

那么，我们为什么不爽呢？有没有通过那个不爽，打开自己的情绪，打开某种内心的密码呢？

正面的情绪往往说明现实情况满足了我们的预期，而负面的情绪则说明现实与我们潜意识里的期望或者需求相反。所以，觉察情绪是非常重要的，觉察他人的情绪和自己的情绪，特别是透过情绪来觉察自己内心的需求，进一步认识自己。

一般人都喜欢“正能量”，然而近年来“丧能量”却能大行其道。有人总觉得光明存在理所当然，却抱怨暗影。其实，光明和黑暗就像硬币的两个面，每件事物都可以从正反两个方向去看。特别是能量为负的时候，恰好是需要重拾能量的时候，一旦把负转正，美好的东西就能被吸引过来。

人生在世，总有一些不喜欢、甚至讨厌的人或者事。

一天跟朋友聊天，她跟我提起她讨厌的一个同事：“我看到她就讨厌，千方百计想逃避与她的接触。只要她出席的活动，我就尽量不去参加……”

我问她，“这个人的哪些方面让你讨厌呢？”

“她自己做业务完不成指标，整天喜欢高谈阔论，不知道自己几斤几两。”

这让我想起一个类似的经历。有位同事不好好动脑子解决问题，喜欢各种抱怨，跟老板抱怨流程、抱怨同事，难道她就没有意识到她才是需要把问题解决的那个人吗？更甚者，好像老板并不讨厌她的抱怨。当看到这个人的抱怨还能获得一些人的共鸣和认可时，是不是更让人不爽呢？

那么，怎么从“天天要面对这个讨厌的人”这样的负面情绪里抽离出来呢？

情商知识告诉我们，任何情绪都是打开我们内心的一个密码。我们为什么讨厌他？他的这种行为跟我们内心的哪种期望相违背？这个情绪告诉我们内心的需求是什么？

当专注这些让你不舒服的“别人”时，就会忽略觉察自己的内心。下面这些教练问题让人开始转向觉察自己内心：

- 我重视业务能力和执行力，所以会对业绩不好、执行不到位的人不认可。我觉得“业务不好的人就不应该四处宣传”，这似乎是一个固有的思维模式。这个固有模式是绝对正确的吗？这个固有模式曾经给我带来什么好处呢？目前的问题是什么呢？
- 她为什么这么做？有什么曾经的经历导致她的这种行为呢？
- 为什么自己对她获得一部分人的认可尤其感到不爽呢？自己在期望什么？

……

当对自己的内在进行探索后，心结就打开了。

人无完人，我们凭什么由自己的喜好来判定他人的特色？即使她的业绩或者执行力不是我认为的那么好，但是她没有因为这个而影响她的人际交往能力，而是保持了自己的自信力。这难道不也是一种能力吗？

当我在阐述短期问题造成的困惑时，对于找到长期解决方案有什么帮助呢？人被一种讨厌、嫉妒的情绪控制，这是我想要的吗？一见到这个人就有讨厌的情绪，对我自己的目标有什么影响？如果“跟身边的人有和谐关系”也是普遍的目标之一，那么，目前我的这种想法有助于达成这一目标吗？如果自己的目标定位在国家的发展或是人类的可持续发展，这些情绪对自己的目标有什么影响？

通过这一系列自我教练的提问和探索，会觉察到我们对自己或者周边的人有太多评判，阻碍我们真正看清人、事、物。

我们一生都要和自己的情绪相处。有人用情绪帮助自己，有人用情绪伤害自己。我们会选择哪种？

曾经一直困惑自己怎么可能爱这些讨厌的人呢？如果能觉察到这些人让自己有机会来修炼，爱和讨厌其实就在内心的一念之间。

当觉察到所有事情没有绝对的对和错，而是为了让自己修炼以达到真正心灵自由的彼岸，我们会有什么感受呢？

那么，怎么提升觉察力，打开情绪密码，提高情商，更好地认识自己呢？

**第一个选择可以是简单的“慢半拍”。**这个可以从一家国际情商组织为什么叫“6秒钟情商”开始说起。

在神经科学概念中，情绪的本质是一种化学物质（神经激素）氨基酸链通过大脑和身体传递信息。这些化学物质主要产生于下丘脑，影响体内的每一个活细胞，是我们主调节功能的一部分。

从这些化学物质（情绪）产生，传递到大脑中，再完全分解和吸收，整个过程持续约4—7秒。因此，“情绪”这种化学物质，本身其实只存在6秒（均值）。如果对某件事情的感受超过6秒，某种程度上，那是我们自己选择了重新创造和继续补充这种感觉。

慢半拍，可以让我们在受到某个情绪6秒钟的自然影响后，重新有权利选择自己希望有的那种情绪。

有人说，道理我都懂，但是我就是控制不住情绪想发火，怎么办？当有强烈情绪的时候，我们可以通过数颜色、慢走100步等方式，将自己拉入理性思维，或者先将情绪发泄出来，然后回归理性。

但是，这些只是治标的方法。真正治本的办法，是增加自己的觉察力和洞察力。有人也把这种能力叫作情绪智力。那么如何发展情绪智力呢？靠练习。

**有一种练习就是写觉察日记。**像前面对自己进行探索那样写日记，记录日常生活和工作中自己的感受、情绪，然后分析这种感受和情绪是正面积极的，还是负面消极的？怎么可以负转正？这些思考是相对理性的。

**还有一种练习就是相对感性的练习，如正念冥想。**现在越来越多的人开始认识到正念和冥想的作用。对于冥想，比较好的时机是早上醒来的第一时间，或者睡觉之前。

我个人比较喜欢半夜醒来用冥想来填补空白，这样容易再次入眠。以前把手机放在床头边，越看越清醒，睡眠都成问题。如今练习冥想之后，睡眠也改善了很多。我也会在上下班的路上冥想，一边走一边冥想，放空思路，放松肌肉，特别是放松肩膀走路。这样的冥想会自动发展成自我意识。

这些练习都是需要过程的，不是说今天这一刻懂了，马上就能提高自我觉察。控制情绪是人类的共同课题，为什么呢？因为难，需要我们不断地提升觉察能力。

觉察能力从低到高，分为不知不觉、后知后觉、当知当觉，先知先觉。据说先知先觉的人往往能从根本上解决情绪问题，在情绪生起前觉察情绪，随时转念，从而轻松搞定自己。

当我们看到本书中的本章节并且略有思考的时候，其实与很多人相比已经走在了自我觉察的前面。有些人一辈子都糊里糊涂地过，一辈子都没有觉醒。从心智模式上说，这些人没有足够觉察，很多时候以自我为中心就这样过了一辈子。

其实，心智成长是悟道的过程。每个人的成长故事往往是从困惑、不舒服，甚至痛苦中而来。所有的成长都来自觉察，每个人都有不同的挑战和使命。

### 2.跳出来，重新认识自己

当我们能觉察情绪，体会到自己的感受时，这已经是很大的进步了。再进一步，就是了解自己真正的需求，了解自己在渴望什么。

我们尝试从两个方面来探索自己的需求。一个是从微观、从当下、从具体事务的感受上；另一个是从宏观、从时间轴上，从自己整体的特点、目标上来探索。只有满足了自己真正的需求，我们的情绪才会缓解。

这个真正的“需求”有个重要特性是**抽象**。很多人并不了解这个游戏规则，从而混淆了“需求”和“满足需求的策略”。往往在某一个满足需求的策略上产生执念，而没有能力看到真正的需求。

在一次探索需求的公益活动中，一位女生叙说了她抱怨男朋友整天加班或者去参加朋友聚会而不陪她的事情。她说她的需求是“男朋友的陪伴”。

那么，这个是她真正的需求吗？引导老师分享了《非暴力沟通》一书中总结的“需求”的词汇（如表6–1），让我们来选最接近的几个词会是什么？哪几个词最有共鸣？

**表6-1 人类共同的基本需要词汇**

| | | |
|---|---|---|
| **安宁**<br>健康<br>营养<br>运动<br>休息<br>可持续性 | **意义**<br>一致<br>贡献<br>目的、结果<br>力量<br>精神追求 | **连接**<br>沟通<br>同理心<br>相互依存<br>临在 |
| **安全**<br>一致性<br>信仰<br>秩序、结构<br>保护 | **自由**<br>富足<br>选择<br>独立<br>正直<br>自发性 | **理解**<br>接纳<br>清晰<br>好奇<br>灵敏 |
| **平和**<br>平衡<br>觉知<br>流动<br>静止<br>力量 | **诚实**<br>言行一致<br>开放<br>责任<br>自我觉察<br>透明/公开 | **关爱**<br>体贴<br>帮助、支持<br>尊重<br>触摸<br>信任 |
| **庆祝生命**<br>感激<br>美<br>感恩<br>愉悦<br>分享 | **创造力**<br>自我表达<br>灵感<br>热情<br>玩耍 | **爱**<br>喜爱<br>慈悲<br>亲密关系<br>赏识<br>温暖 |
| **哀悼**<br>感恩<br>分享<br>更新<br>脆弱 | **学习**<br>挑战<br>胜任<br>发展<br>探索<br>融合 | **社群**<br>归属感<br>陪伴<br>合作<br>公平<br>包容 |

经过讨论，这位女生觉得她的需求是“陪伴”，而非“男朋友的陪伴”，男朋友的陪伴只是满足“陪伴”的策略之一。当了解了这个真正的需求后，当需要“陪伴”的时候，除了男朋友陪伴这个可选项，还有什么其他方案呢？

当老师问这个问题的时候，女生想到很多方法：看电影，养宠物，与其他朋友聚会，逛街……在老师的引导下，她还意识到：自我陪伴。这也是最重要的一条。

从这个体验故事里，我联想到，陪伴如此，“爱”也类似。

每个人都需要爱。年轻人追求爱情，可是当爱情遇到挫折，可遇而不可求，或者被爱情背叛的时候，该怎么办？从这个思路出发，我们能想到还有很多其他途径去体验和感受爱吗？唯恒老师说过，爱只有一种，那就是无条件的爱。其他都是披着羊（“爱”）皮的狼（“需求”）。

是的，我们还有家庭成员的爱，还有朋友的爱，还有帮助弱势群体获得的大爱，最后还有“自爱”。这样我们就不会走进死胡同出不来。

所以，一旦认识到自己真正的需求，我们就有能力从过去单一的满足需求方式的执念里跳出来，会发现我们有很多策略，自身的潜力是巨大的。

那么，怎么做才能帮助我们了解自己真正的需求呢？在教练工具里面，“结构化聆听”有助于我们分辨出自己或者他人内心的需求。

可以试着练习一下：找到我们最近生活中的一个烦恼，关于这件令我们烦恼的事情，看到的事实是什么？当时的感受是什么？这个事情背后真正的意图是什么？反映了自己什么样的真正需求？当意识到自己需求的时候，再反思当时的行为、策略，会有什么新想法？

我个人参加过一次印象很深的直播。主播说，我们经常通过愤怒、气愤、指责，甚至威胁，来表达我们的需求和请求，把这些方式作为让对方屈服的手段。很多时候我们并没有意识到这一点，其实，这样的表达往往会激起对方的情绪，反而无法得到有效的回应。

比如，夫妻吵架，妻子对着要离家安静一下的丈夫说：出了这个家门就别回来了！妻子是真的不要他回来吗？当然不是。这是愤怒和威胁，可以想想那个丈夫当时是什么感受。我们要明白，在这个生气的场景下，内心需求是什么？一旦明白了自己的需求，自然而然地就会清楚怎么去处理。

接下来，我们从时间轴上探索自己的特点。

我们来尝试画出自己的"生命之树"：从出生到现在，每隔7年总结3个让自己印象最深的事件。在"树"的一边写上快乐的事情，另一边写上痛苦的事情。

写完后，问题来了：每个事件背后，是什么让自己快乐和痛苦的印象如此深刻？

下面以我的"生命之树"为例（如图6–1）。

| 时间/年龄 | 事件 | 为什么 |
|---|---|---|
| 现在 | 矛盾处理，探索学习，分享 | 开悟，成长，慈悲 |
| 35 | 孩子，MBA再学习，突破 | 家庭，学习，卓越性 |
| 28 | 第一份工作，跳槽，升职 | 挑战，保持进步，成就 |
| 21 | 苦学，自我开导，上大学 | 毅力，理性，勇气 |
| 14 | 要上学，自己当中队长 | 学习，认可 |
| 7 | 画蛇添足，吃菜原理 | 喜欢思考，敏捷 |

**图6–1　画出自己的"生命之树"**

经过这个练习，我们会发现，生命中一切的发生都是在提醒"我是谁"。我们可以从各种角度去探索自我的价值，探寻一切的真相。

拿我职业发展中感受深刻的获奖和升职两个事，来说说我的感悟。

我在2004年加入美国通用电气GE，在这家公司从普通工程师做到目前的高级经理。入职5个月，我还没有完全明白情况，就获得了直线总经理的颁奖。

这是我进入公司前前后后拿的几十个奖中的第一个，因此印象特别深刻。当时并没有明白自己为什么获奖，现在想想大概是因为主动钻研、执行落实到位的表现。

刚入职的时候，我负责某主要供应商的质量管理，但我没有把工作仅仅局限在质量领域。因为我觉得加强质量管理的目的，是帮助供应商降低质量风险，帮人帮己，最终是降低自己公司的采购风险和成本。

所以，我除了管理产品最终的质量，更多的是三天两头提醒供应商根据控制计划提前预防，而且只要是和成本相关的行为，我都会关注。

有一次，国外的购买方要求增加喷油漆防锈。按照惯例，半途要求增加工序，供应商是有理由漫天要价的，因为我们中间也不可能换供应商。有些公司美其名曰的售后“服务”，就是增加利润的环节。

当然，有些供应商也会因为甲方的强势，或者看中长期合作而合理报价。最完美的就是保持项目原来的利润，补偿增加成本。

记得当时供应商报了一个价格，对方项目经理说，这就是帮忙做，亏本的。当时我对油漆没研究，也不知道行情。看在平时跟对方沟通顺畅和谐的关系上，就同意他的报价吗？不。

我自己核算了一遍零部件大概的表面积、油漆厚度要求，然后加各种余量：表面积余量，喷漆工艺损失，漆干估值，再加人工工时……算出大概需要多少油漆和费用。然后跟他说，我是怎么算的，需要乘以几倍的余量给算利润，他可以尽管开口提要求，确保他们不亏本。

他看到我一副“学霸”的架势，乖乖地降价到原报价的三分之一。因为他明白成本和利润空间，对公司也算有交代。最终结果是双方都能接受的皆大欢喜。

就这样，很多时候我对供应商的情况比他们自己都清楚。

当时，年轻的我自认为不能在一些工艺技术积累上帮到供应商工程师，但是这样一种专研、敬业的精神，可以使得对方愿意支持和配合我的工作。

我在第二年被公司提拔为经理，作为当时团队最年轻的员工，经历了与很多人一样第一次带团队的心路历程。

一开始，我对团队里其他人的工作质量特别不满意，觉得很多事情要不是我整日盯着，就会走样。这些“猪队友”年纪都比我大，我能想到的点子，他们好多时候都想不到。我对外反应快，解决方案想得更周到，最后自己不得不经常加班。

然而，这样的状态是持续不长的。真正的忙或者累，不是身体累，而是心累，累的源头不在别人，而在自己。

我觉察到像我这样从小被捧着长大的人，可能会觉得自己是聪明的，所以大家都关注我，听我的意见，而自己在不知不觉中形成了自负、追求完美、负责任的性格。同样，我也把这个期待强加在同事身上。

觉察这点后，转变自然而然地发生了。我意识到自己更多地关注“事”而非关注“人”，想把事情做好、做完美，其实潜意识是要表现出自己的价值感，而忽略了队友的需求。

这样的结果就是自己越来越忙，忙着处理事务，而身边的人却任其自生自灭。事情是源源不断发生的，所以，我把重心放在事上是一定会累的。

当我把重心放在人上就不一样了。放下自己，关注团队每个人的特点和团队的目标，把重心放在“人”上。人们做一些事情不是因为我们，而是因为他们自己。

当我们一直帮身边的人变得更好时，他们就能帮我们把事情分担掉，就能承担更多的工作，我们自己就有空间了。

如此，就创造出一个积极向上的团队氛围，形成一个良好的团队文化，大家一起成长。这样，大家不仅仅是同事，更是有缘一起经历、一起成长的伙伴。

现在回想起来，我除了有自认为比其他人优越的时候，也有觉得自己比别人差的时候。因为每个人有不同的挑战和使命，都有自己的优势和天赋，既然有缘在一起共度一段日子，就让大家享受和感恩这段相爱相杀、最终一起成长的岁月。这也是我在工作中修炼开悟的故事之一。

这些事件让我成了现在的我。

### 3.心悦诚服，享受自己的一切

接纳是欣赏的源头，欣赏是享受的开始。

有人说接纳有五种程度：承认、接受但不喜欢、接受且喜欢、欣赏、感恩。

是的，这个修炼永无止境。

比如，大家一般对脾气大的人感到讨厌，为什么就不能好好说话呢？那么，怎么去接纳甚至感恩这些让人讨厌的脾气大的人呢？

我们家就有几位脾气大的亲戚，其中有两位脾气很臭，逢年过节，碰到一起就要闹一下，最后经常搞的不欢而散。好在血缘关系没那么容易割舍，今年闹完，明年继续。

我试着用同理心来接纳他们，一步一步地往深处看，我看到了爱发脾气的人身上的优点：他们往往真心待人，古道热肠。而那些脾气好的人，相对就是分清了人与人之间的界限，就像外人一样不会对这个事情有任何情绪，事不关己，高高挂起。

看清了这一点，我对脾气坏的人不再避而远之。他们发脾气的时候，也不是那么讨厌，我也可以和这些脾气不好的人相处、相知。

我看到，他们发脾气是因为对人有深深的责任心，先期投入了对人的信任和期待，看到他们是在气自己为什么容易信任别人，气自己怎么那么关心“他人”，怎么那么把他人的事情当作自己的事情看。

从此，我对于家里老顽童般的亲戚的脾气不再抱怨，甚至可以享受他们发的脾气和抱怨。

跟接纳他人一样，我们也需要接纳自己。

接纳自己，对于我这种一直自以为是、自以为聪明的人好像不是很难，因为一开始就认为自己是对的。但是，随着自我觉察和自我教练的深入，可以看到很多自己的“问题”。

原来我也有那么多我不认可的特性。虽然很聪明，但是太直接，根本不考虑对方的接受程度，这还算是有能力的人吗？

虽然我对自己要求高，执行力很强，但是确实渴望自己的价值被认可。不断需要外部的借力，这还算坚毅的人吗？

期望他人也跟自己一样，知道不能控制，却还一直坚持这样的预设和评判，这也算开悟的人吗？

看到身边的人发展得好，潜意识地去发掘对方的弱点，羡慕嫉妒，而不是由衷地去欣赏，这还是可以包容天下的人吗？

看到自己这么多以前没有看到过的问题，我还能接纳自己吗？

试着去欣赏和感恩这样的结果，我发现自己跟大家一样都不是完人。大家可以有的特点、优点或者缺点，而我不可以有，这没有理由。

美国首位家庭治疗专家维琴尼亚·萨提亚说，“我们因彼此的相似而连接，因为彼此的差异而成长。”我接纳了这样有特点的自己，欣赏自己，感恩自己是个活人，有持续完善的地方。

“我爱和接受自己，不管自己有没有达到目标。”我不知在哪里看到这句话，把它写在读书笔记的封面上了：在对自己有一点点失望的时候，给自己一份接纳和鼓励。

有时候我也会思考，有什么是自己不喜欢和否定自己的部分？如果让自己接纳和享受这个部分，要怎么想呢？

接纳自己的思路，同样也适用于他人、企业和国家。接纳和爱自己的孩子，就不管他考试拿几分。当他做了错事、成绩很差的时候，我们是怎么表现爱的呢？接纳和爱自己的组织，那么，当看到组织有不合理现象的时候，我们是怎么做的呢？

## 往前走，活出自己

人生的一切都始于心，终于心。

往前走，活出自己，爱自己是一个过程，也是结果，而不是一开始的念头。我们向内看，目的是看清自己的内心、自己的期望，在内心的引导下往前走，让自己更满意。

康德说："所谓自由，不是随心所欲，而是自我主宰"。用全身心的精力来满足自己，包括并不局限于体能管理、情绪管理、思想管理、意志力管理。

我们了解自己的目的，最后是向前看，指导我们的选择和行动。那么，怎么行动呢？前面谈了很多具体问题具体分析的思维方法，其实当我们真正的明白自己的内心渴望，自然而然地就会知道怎么做。

即使当时不知道怎么做，也会千方百计地去找到怎么做的方法。所以，第一重要的就是知道自己需要什么。如果还有不清楚的地方，那就再回去问问自己的内心。

我有几个如何行动的感受分享给大家。

**首先要有勇气。**作为GE公司中国区职业妇女协会的主要成员，我经常参加一些年轻女同事的活动。大家经常问的除家庭事业平衡的问题外，也有很多职业发展的问题。

我的答案很简单：“不要问自己有没有资格，要问自己是否想做。如果想，就去做吧。”

Facebook首席运营官谢丽尔·桑德伯格在其自传《向前一步》中，特别提到女性在接受新的挑战时，普遍比男性不自信：女性只有在认为自己100%符合条件时才会公开申请职位，但男性只要觉得60%符合条件就会申请。所以，女性需要转变思路，不要总说“我还没准备好”，而要去想“我想做，而且我可以边做边学”。

**其次注意拓展视野。**比如，GE早期企业文化公开提倡“无边界”，将公司内部各个职能部门之间的障碍全部消除，营销以及其他部门之间能够自由流通，完全透明，把团队的位置放到个人的前面。

有些时候有同事会说，这个不是我负责的，我不好去做，或者不合适去给人家提建议。其实，这个时候只要问自己：这个事情是不是对公司有价值？是不是对自己的目标有帮助？如果有，为什么不呢？

“无边界”文化是一种让人负责，也是让人发展的双赢文化。我们会发现，当事人主观的视角可能局限了个人的思维。如果我们可以跳出来，站在旁观者的角度，从未来的角度，站在更高维度的智者角度去看看，我们又可能给当事人提什么意见和建议呢？

**最后一定要有聚焦方向，然后全方位行动。**大家一定有所体会，每年暑假开始，孩子们都感觉有好多时间，可以做一点大事了。像我的儿子就曾经说自己要写一本科幻小说，要在B站日更。

刚开始的两天，他热情高涨地写了目录，看上去要写一本大作。一周过后，开始睡懒觉，只开了个开头。两周过后，开始出去旅游，没有进展。最后的一周大概率就是赶紧补上还没写完的暑假作业，什么小说、日更都抛到脑后去了。

这些故事不只是在小朋友身上发生，其实就是因为目标方向不明确，无法聚焦，没有全面地想清楚具体怎么落实。两个月的暑假看上去很长，其实每个当下都很短。

我们需要想清楚目标是什么，分析为了这个目标每天应该做一些什么事情，多做一些对目标有益的事情，对于那些会影响目标的事情就要尽量避免或者少做。

**我们最终是要回答自己：想要成为什么样的人。**可以回答一下自己目前具体是什么身份？对于这个身份，什么是目前最重要的？为什么？可以具体采取什么行动来胜任这个身份？

对我来说，小时候的梦想是走出农村，考上大学，在大城市成家立业。如今好像已经实现了。

我每年不时的会去不同国家工作或旅游，小时候不敢想象的出国可以说走就走，小时候觉得高高在上的发达国家的世界也不过如此。

那么，下一个目标是什么呢？为一个人？好像以前想经历的已经经历了；再为名利？只不过陷入了贪、嗔、痴。为了他人和正义？有时候也超出自己的控制范围。

最后我找寻的答案是内心，学做自己，做更好的自己，用自己的卓越性，爱自己并去实践，把自己的价值和爱带给身边更多的人，创造一个公平的环境。

## 成长百宝箱

**生命意图：撕开生命神秘面纱的一角**

生命意图是了解自己内在的一个教练工具。我们知道自己最终要去哪里吗？最终想要活出的状态是什么吗？

生命意图这个工具从8个维度帮我们撕开生命神秘面纱的一角，透出一丝光，让我们看到自己与生俱来的使命和方向。

第一步：找出以下8个维度的关键词。

深呼吸，让自己保持平静状态，问自己以下几个问题，并将每个答案总结成一个正向的关键词，记录在8个花瓣里（如图6-2所示）。

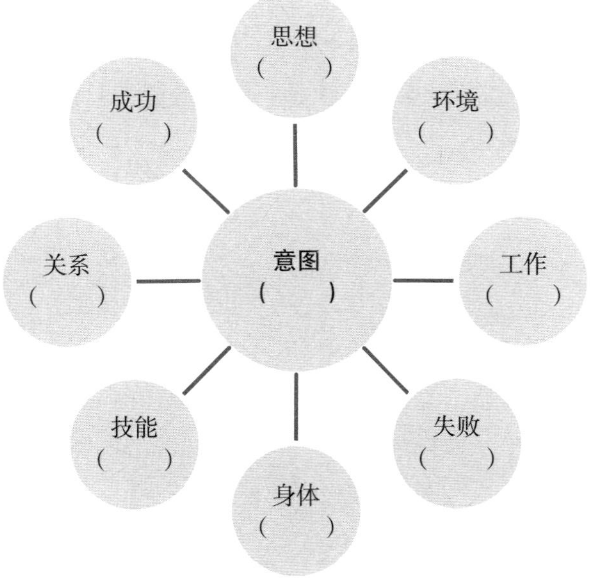


图6-2 生命意图示例

1. 思考：从小到大，你思考最多的是什么？为什么？

2. 身体：感受身体，它向你传递的信息是什么？为什么？

3. 关系：从人际关系中，你觉得最重要的是什么？为什么？

4. 工作：工作对于你意味着什么？为什么？

5. 成功：你曾经最大的成功，关键点是什么？为什么？

6. 失败：你过去人生中最大的失败是什么？为什么？

7. 技能：你最棒的社会技能是什么？为什么？

8. 环境：如果环境是个导师，它教会了你什么？为什么？

第二步：从以上8个正面的关键词中，选择对人生最重要的3个词，并将这3个词编成一句话。

当这句话出来的时候，大声朗读3遍。比如，3个关键词是：公平、卓越、价值；用三个关键词组合成的一句话是：用自己的卓越性，给他人提供价值，创造公平的氛围。

第三步：在前面3个关键词中，选择一个核心关键词，填在8个花瓣的中间。可以有各种方法，如三选一法、直觉法、肌肉测试法、比较法等。

UPGRADING MINDSET

第7章

# 选择相信，就是幸福密码

作者：侯铁红

无论最终是否富有或成功，无条件的爱才是幸福的源泉。

——哈佛大学心理教授泰勒·本·沙哈尔

【本章作者简介】

侯铁红，别名铁铁，80后，两个男孩的宝妈。西安交通大学经济法学硕士，全国优秀讲师，ICF国际教练联合会认证组织教练。

曾任职于国内知名管理咨询公司，担任人力资源管理咨询顾问；某上市集团人力资源部经理，深度融合人力资源管理理论与实践；跨行业跨专业，进入大型国企负责业务管理，将人力资源管理融入业务，并推动业务持续发展。

聚焦于育儿与管理两大领域，持续学习并实践，看到对方眼中闪耀的智慧之光，感到无限的幸福与满足。使我们向往生命的自在与突破，借教练智慧，助个人成长。

如果问自己，此生自己最想要的是什么？我想绝大多数人都会回答，想要幸福。

然而，究竟什么是幸福呢？幸福似乎是一种体验，因人而异，没有标准答案。

心理学家的研究表明，乐透大奖得主平均在一个月后，幸福感将回到得奖前的水平；而车祸中截肢的人，平均在一年后，幸福感也可以回到车祸前的水平。由此看来，幸福与人的遭遇关系并不大。

哈佛大学的沙哈尔教授在《幸福的方法》一书中，告诉读者幸福是快乐且有意义的。沙哈尔教授用了一个四象限，说明幸福是既懂得享受当下的快乐，又能为未来而努力且感受到意义的力量（如图7-1）。

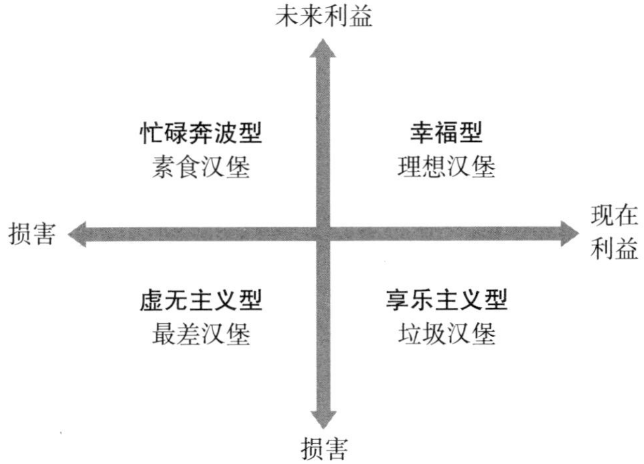


**图7-1 幸福四象限**

快乐比较容易理解，这是一种积极的情绪。比如，吃了块最爱的巧克力，看了一场心仪已久的电影，或者参加了一次志愿者活动。

快乐比较短暂，它让我们在那个当下感受到一种正向积极的能量流动，但若是持续且不断重复去做，按照边际效用递减原理，原本积极的感受就会缩减。所以，快乐可以理解为当前的利益。

意义又要怎么理解呢？意义可以理解为未来的利益。这个未来的利益是目标吗？沙哈尔教授告诉我们，要有目标，但是能不能实现这个目标，并不需要过于执着，目标本身就是意义。

这就好像登山，不是只有登上山顶的那一刻才感到快乐，而是贯穿于登山的始终。这个登山的过程，就足以让人觉得快乐而幸福。

我们用奥地利心理学家维克多·弗兰克尔在《活出生命的意义》一书中的观点，再进一步理解“意义”。

弗兰克尔说，幸福的反面不是不幸而是麻木，而意义着眼于未来，意义是人们决定对什么负责、为什么负责、对谁负责。

他在书中写到，那些在集中营中知道自己的生命还有某项使命有待完成的人，最有可能活下来。人对意义的追寻，会导致内心紧张，不过这种紧张又恰恰是精神健康的必要前提。

有位老人找弗兰克尔咨询，因为他沉浸在妻子去世的痛苦中无法自拔。弗兰克尔问他：“如果你比妻子先死，你的妻子会怎样？”老人说：“那我的妻子一定会痛苦万分。”弗兰克尔回答说：“你现在的痛苦是有意义的。这个意义就是你的妻子免于承受同样的痛苦。”

所以，**真正持久的幸福，是人们能够找到自己生命的意义**。在追寻生命的意义中，越是忘记自己，投身于某种事业或者献身于所爱的人，就越能实现自己的价值，感受到幸福的存在。

也许有人会质疑这一观点，认为自己是一个普通人，从未想过改变世界，过好眼前的日子就行了，怎么找到生命的意义呢？

**第一，意义没有大小，也无须比较**。关键在于这份意义是否能够驱动我们的生活。

**第二，幸福是追寻意义的过程，而不仅是意义本身。**很多时候我们感觉不到幸福，是因为不相信自己当下已经拥有了幸福的能力。

哈里斯教授在《幸福的陷阱》一书中讲了一个咨询案例。案主认为自己必须很有钱才能得到自己想要的，但是与咨询师对话后发现，她需要钱是因为她期望得到放松、了解异域风情、获得别人的尊重。但是，这些目标并不需要很有钱才能实现，相反，现在就有资源可以获得。比如，看一场电影带来的放松，在专题片中增加对异域国度的了解，出色完成自己的工作等。

**第三，对于普通人来说，想要获得持久幸福的密码，在于建立“相信”的思维模式。**我们是否发现，周围有人总会抱怨，觉得命运不公、机会不好、资源不够？总之，他们不相信自己能够获得幸福，不相信他们已经掌握了实现人生意义的砝码。

**所谓的相信思维，就是对于自己具备实现幸福的资源深信不疑的思维。**普通人即使没有忘情地投身于某一事业，但是依然可以在孩子、父母、职场人这三个必备的人生角色中，感受当下的快乐，体会人生的意义，沉浸于幸福之中。

下面我们通过普通人的故事，来思考如何找到自己的幸福人生。

## 相信父母的爱

长江后浪推前浪，每一波后浪都会用一些新的视角看待父辈的经验或者观点，我们称之为代沟。这些对立的问题，包含在人生各个阶段的选择或者生活的方方面面。

作为子女，我们似乎总会在某些地方与父母有一场战争，而战争的结局通常很少是皆大欢喜的。

作为子女，有时我们也会怀疑：父母真的爱我们吗？如果爱，为什么我们感受不到幸福呢？

我有个朋友的孩子叫小刘，大学毕业后一直不找工作，她觉得父母看中的工作都不适合自己，但是她也没想清楚自己要干什么，索性就在家里待着。

看到女儿的同学们早就开始了工作，小刘的父母很着急，虽然家庭条件不错，但是总不能啃老一辈子吧。所以，小刘的父母托关系在某个银行为她找了一份工作，只等孩子同意去上班了。

银行的工作和小刘所学的国际金融专业倒也对口，但是，小刘死活不去，这让我的朋友很闹心，就让我去劝劝小刘。

开始，我也好奇，怎么这么好的工作还不愿意去呢？小刘对我说，大学毕业前她在另一家银行实习过，那样的工作她真的无法忍受，每天坐在格子间里的憋屈就不用讲了，关键是使用excel处理各种数据真是做不来。

当时她就怀疑自己的智商是不是真有问题，为什么别人做起来轻车熟路的工作，对自己来说就是那么难以逾越的障碍呢？在那样的环境中，她越来越找不到自信。

我和她沟通后，深刻地体会到我们对于“好工作”的标准完全不一样。虽然我们无法达成一致，但是我可以理解她对自己人生的追求。所以，我建议小刘的父母尊重孩子的选择。

又经过了一年的留学准备和创业试探，小刘最后选择只身南下，开了个淘宝店卖衣服。南下的原因是要靠近生产厂商，提高产品对市场的反馈速度。

大多数父母可能很难接受：211大学本科毕业，专业热门，有金融系统白领工作可以选择，为什么要去做那没有保障的淘宝小店的店主呢？

但是，小刘心意已决，谁也无法阻挡她前进的脚步。

这种对于职业发展的认知差异，普遍存在于父母与子女的交流中，也许在很多人的生活中，也会发生类似的碰撞。

碰撞发生时，双方都感觉对方是有意和自己作对，怎么就不能理解自己的立场呢？此时，双方根本谈不上爱的感受。

除了职业选择，育儿分歧也是一个难以绕过的坎儿。对于这个坎儿，我是深有体会。

我的母亲有一种能力，总能随时随地发现我儿子行为中的不妥之处，并报之以强硬的批评：

进屋后把鞋子放好！

吃饭时别说话！不要吧唧嘴！

嘴漏吗？吃的满地都是饭粒！

不许剩饭！

别吃了，晚上吃那么多干什么！

快点写作业，又溜号！

看你的房间，跟猪圈一样，赶紧收拾整齐！

走路别踢土，不嫌脏啊！

闭嘴，还狡辩，没大没小的！

把手擦干净，看你把水淋到地板上了，到处都是！

……

每每听到这样的声音，我都感觉自己的心脏在颤抖。但是，我并不想与母亲争吵，所以总是给儿子做思想工作，告诉他，就当没听见，别往心里去。

可是儿子还没有成长到有能力进行自我情绪调节的阶段，所以他经常不开心，我也感觉很压抑。这种积压的情绪，终于在一天老公和儿子都睡着后，彻底爆发了！

我和母亲相互指责对方的行为对自己造成的不良影响，沟通最后以双方痛哭流涕收场。

那个时候，与母亲有关育儿方面的分歧，成了我心中的死结。有母亲在的场景中，我总是战战兢兢、如履薄冰，生怕哪句话又成了导火索，影响我们母女表面和谐的关系。

我虽然知道无法改变母亲的育儿观念，却又总觉得内心憋屈。我心想，如果这就是母亲爱我的方式，那我宁可不要。

而学习过教练技术之后，我接受了“人人都是OK的”这一个教练信念，发现自己的思维转念后，改变了我与母亲之间的关系。我也不再纠结于母亲与我完全不同的育儿理念。

有一次，母亲又批评儿子吃饭不干净，态度很不友好。我没有直接表达禁止母亲批评他的意见，而是平静地抛出两个问题：你希望孩子是什么样的？如果换位思考一下，你是孩子，希望你的家长怎么做？

母亲当时愣了一下，她没想到我会提问。当然，她当时还在情绪失控中，飚了两句狠话给我，说：“我下次不来你家了，行不？我也不受你的气了！”

那一刻，我体会到自己的内在没有升腾起任何负向的情绪，依然平静地回复：“妈妈，我非常感谢你为我们做的一切，你来我家，不过是想让我轻松些。只要你高兴，怎么做都可以。带孩子的问题，我们可以寻求其他方式解决。”

从母亲的表情中，我再次读到了意外，也能感受到她眼中的愤怒开始消散。

因为要送孩子上学，当天早上的对话没有继续下去。但是让我颇感震惊的是，临近中午时分，母亲发过来一条语音微信。她说：“对不起，宝贝儿，妈妈早上情绪不好，你别生气了。”

听到这段语音，我的眼泪都快掉下来了。当我重新审视那天早上的对话，我感知到我的内在状态向母亲传递的是爱和尊重，而不是苛责与否定。我相信母亲是爱我们的，所以，她也感受到那份爱的传递，进而对自己做出了调整。

这件事情之后，我再去审视母亲对儿子们的各种要求，看到的不再是限制与批评，而是他们那代人对于爱的表达方式。她说出的种种不好，其实背后的心声是自己对儿孙的期待。

她其实想要表达的全部信息是，不要这样、不要那样，如果做到这些，就会成为怎样好的一个人。只是在具体的表达中，她隐去了后面的信息。

我能感受到母亲在生活上对我们无微不至的照顾，已经比外婆当年给她的照顾有了很大的进步，但她仍然继承了外婆大部分教育孩子的传统方式。虽然她一再说：“我可不想让我的孩子感受不到母爱的存在。”

母亲认为自己童年缺失的生活关怀就是她心中的母爱，但是在其他方面，她也不知道如何做一个妈妈，只能不自觉地向自己的长辈学习。

而在前一个故事中的朋友，之所以那么反对自己的孩子小刘去淘宝创业，也不过是希望孩子能够有一份稳定的工作，不问富贵只求平安。在他们心中，一个女孩子不需要在事业上奋力拼搏。有一份轻松自在的工作，业余时间做自己喜欢的事情，这就是幸福。

所以，我朋友对孩子做淘宝店主提出反对意见，也是父母表达关爱的一种形式。不过，他们期望的孩子的幸福是自己的标准，而无关乎孩子自己。

如果能够转化与父母的对立，就能在事件的当下感受因爱而生的快乐，就能在儿女的角色中，体会到因理解而察觉的意义。

儿女与父母的矛盾多是因为表面化的沟通，根据对方语言的表层含义，就武断地认为对方就是在与自己作对，甚至将积累多年的情绪在某一点爆发出来。

假设我们能真正走入对方的内心，换一个视角看待眼下的对立，甚至是曾经的冲突，也许就能感受到爱的力量，让心中的这份爱，指引自己融化彼此的隔阂。

如何去做呢？可以尝试如下三步。

**首先，看见意图。**

我们与父母的对立观点通常在行为层面，应该这么做、应该那么做。我们不妨抛开这些行为层面的评价，去看看行为背后的目的是什么。当真的能从对方的表达中读出“爱”的味道，自己内在的情绪也会不一样。

有一次，我挂断一个工作电话后，母亲马上凑上来，特别紧张地问了一句：“工作上有麻烦？”我当时特别不耐烦地回复说：“没事儿，不用你管。”

随即我就发现了自己的问题。我的不耐烦，一方面是因为我还在刚才事件引发的恼怒情绪中；另一方面，是觉得工作上的事情母亲也不懂，说了也没用。

但是如果看意图呢？母亲的询问就是在表达关心与爱。母亲确实没有能力帮助我解决问题，但不等于她不能用自己的方式表达爱意。

当我收到那份“爱”之后，我对自己的态度感到自责，马上又补了一句话：“放心吧，我能处理好！”同时，我收到了母亲传递给我的那份关心与关注，顿时觉得爱意满满。

**其次，呈现尊重。**

这体现在尊敬、重视，能够用平等的心态来看待对方，同时还包括换位思考，能够从他人的视角去理解他人的感受。

我们来看看，随着我们的成长、成熟，是不是有这样的心态，认为父母的观点落伍了，跟不上时代要求？在交流中，是不是或多或少地流露出轻视、忽略甚至反对的态度？

我们再去体会一下，曾经与父母之间发生的冲突，如果细致分析，有多少来自事情本身，又有多少来自我们呈现的态度？与父母沟通的时候，又有多少次是为了解决问题呢？而沟通中除了说事儿以外，情感交流是不是此类沟通的重点呢？

就像前面的故事中，当我向母亲展现出足够的尊重时，她也会做出积极的回应。

《论语》讲，今之孝者，是谓能养。至于犬马，皆能有养；不敬，何以别乎？“孝”，最重要的不是赡养，而是敬重、尊重。

而当我们沉浸在尊重之中，就可体会到那份流动的能量在自己与父母之间的传递，这就是爱啊！

**最后，不执着于改变。**

父母与我们的观点不同时，即使不改变，他们对我们的生活会有怎样的影响？我们是不是夸大了可能发生的危险？

前几天，我收到大儿子的微信：“快回家，伤自尊了，一节课啥也没干荒废了！”我心里一惊，猜测他一定是在家里上网课表现不好，被母亲狠狠批评了。

下班后，我着急地赶回家，看到的却是一派祥和之象，原来一切都是我自己想象出来的负面情景。

自从改善了和母亲的沟通方式之后，我发现母亲对待儿子的态度也在一点点改变。而朋友家的孩子小刘在南方创业日渐稳定之后，朋友夫妻二人逐渐认可了孩子的选择。孩子这才感受到父母其实并非只是在意她有一份体面的工作，而真正在意的是她是否能够生活得安好。

所以，不要执着于改变他人。我们的“执着”传递出不认可与焦虑，而放下这份执着，很多事情便会自然而然地朝着我们想要的方向发展。

都说父母是自己与死神之间的一道墙，父母在，我们永远可以称自己是孩子。如果在有生之年，我们能认真地体会来自父母的那份关爱，并在自己爱的回馈中看到父母的满足，那么一定能感受到幸福的味道。

怎么能说普通人没有幸福的资源呢？父母的爱就是我们每个人有生以来最大的资源！

## 相信成长的规律

当我们有了孩子，相信都会在育儿的道路中上下求索。不写作业母慈子孝，一写作业鸡飞狗跳。随着孩子的成长，一幕幕冲突总在生活中频繁上演，绝对是影响我们幸福指数的重要因素。

来看看2020年新冠疫情期间发生在我家里的故事，是不是也似曾相识？

2020年年初因疫情影响，大儿子在家里上课。我们商量好的学习目标是跟上学校云课堂的进度，能够按时完成学校的作业；语文、数学、英语的课外作业能够在每次上课前完成，并且每周回顾知识要点；古筝至少每周能够保持3—4次的练习。

而实际的学习结果是一天不如一天，直至突破我的心理底线。

前几周，儿子还能保持完成每日制定的学习清单进度，只是完成比例不稳定，而剩余的时间里，学习清单彻底荒废。作业拖沓不说，他竟然对作业有哪些都不清楚，甚至根本不关心老师的批改结果，几乎每次都要我去提醒，他才会查阅信息。每日老师在微信群里与同学互动当日学习内容，儿子从没有在群中给予回复。看着别的孩子积极回复，我只能默念“别人家的孩子”了。

他的作业虽然不能及时完成，但是定时观看动画片的安排却是雷打不动。除此之外，儿子在家里天天“偷吃偷喝”，排斥运动，体重快速飙升十几斤，上学后被同学们戏称为“圆圆”。他自己的房间更是乱得惨不忍睹，而且面对家长的呼唤无动于衷，仿佛不在一个世界，不大喊一声肯定没有回应。

最让我无法接受的，还是他面对批评建议时的振振有词：“怎么了？哪不好？我看书怎么就不行了？不写作业怎么了？”

面对大儿子的脱轨行为，我感到无力又无助。而小儿子也不让人省心。

小儿子4岁，帅气可爱，活泼好动，让我一直觉得欣慰的是他的运动天分。每当他奔跑起来，我就像迷妹一样盯着他的身影，特别欣喜。

然而，疫情期间，幼儿园的打卡活动让我从云端一下子跌落到现实。

幼儿园每日在微信群里发布当日学习任务，由家长带领，并将完成情况在群里打卡。看似很简单的每日三个单词、两句弟子规、四个汉字，他却怎么也记不住。

小儿子：“这太难了，不打卡了行不行？”

妈妈：“不行，你看小朋友们都打卡了！”

小儿子：“那打卡一句行不行？”

妈妈：“不行！那分两句录吧！”

小儿子：“妈妈，你提醒我行吗？”

妈妈：“预备，开始。”

小儿子：“今天打卡弟子规。父母呼，应勿缓。父母教……”

妈妈：“停！怎么是‘父母教’呢？不是告诉你‘父母命’嘛，重来！”

小儿子："今天打卡弟子规。父母呼，应勿缓。"接着轻声问："妈妈，下一句是啥？"

每天的打卡都在这样的纠结反复中完成，后来我们甚至每天只能打卡一句弟子规，因为两句实在记不住。

想想大儿子在5岁时已经可以将弟子规全文背诵，小儿子却连两句话都记不住的这个现实，我真是难以接受。

还有更糟的情况。我带着小儿子做两幅图片找不同的练习，不管将查看的方法说了多少次，他依然摸不着头脑。

我耐着性子启发他："看看，这只鸟的旁边，那只鸟的下面和另一幅图片有什么差别？"我就差直接点出答案了，但小儿子的视觉仿佛出了问题一样，就是看不到其中的差异。

此时，大儿子经过我们身边，他哈哈大笑道："我都看出来了！"

我怒斥他："一边去，和你没关系！"然后转头对小儿子呵斥道："都这么清楚了，你怎么还看不出来呢！"

小儿子看到我恶劣的态度，马上也发脾气说："哼，我不看了！"他一溜烟跑开，留下我呆呆地坐在那里，巨大的挫败感扑面而来。

催促、警告、约谈、吼叫等各种方法用过之后，两个儿子的状态没有任何起色，但是我心中一直有一个声音在说："不应该是这样的！"

我深知问题的根源在我，却又没有头绪。恰巧朋友组织的亲子正念训练营开启，我索性报名参加，想去探索与孩子相处的新道路。

在训练营期间，我感觉自己就像一个差等生，没有积极投入，正念的过程也没有像别人那样有丰富的收获，这让我感到有些自责和挫败。但是，在营中交流时，老师却说："我们不去评判，只去感受每一个当下。"

在和营中小伙伴交流时，我吐露了自己有关孩子教育的烦恼。对方问我："回看刚才你说过的那些话，有什么感受？"

我一怔，但随即领会了这个问题的意图并且有了答案。

问题的焦点不在儿子身上，而是自己。我真正焦虑的是自己的能力不足，与儿子在各个场景下交流失败的场景，深深刺痛了自己的内心。

而这所谓的失败是什么？这不是儿子的失败，而是因儿子未按照我预期的行为轨迹去行动，而带来的不适感。

大儿子小时候对妈妈言听计从，怎能才三年级就开始"反抗"妈妈的各类要求呢？妈妈自认为才能出众，怎能容忍儿子的学习迟缓呢？如果将儿子作为事件的中心，放长视线来审视，那他所有的"非标准"行为与他的"失败"没有任何关联，即使他真的落下一学期的课程，也不见得人生会因此而变得灰暗。

回想自己的童年，也曾成绩不佳，也曾沉迷小说和电视，也曾讨厌体育、动作笨拙，也曾写作业时溜号走神，也曾上大学前从未承担过家务，等等。我不能容忍儿子的各种行为，原来也一直存在于我的成长过程之中。

我猛然想起大儿子6岁那年，与他分享的《牵一只蜗牛去散步》那篇小诗：

上帝给我一个任务，
叫我牵一只蜗牛去散步。
我不能走太快，
蜗牛已经尽力爬，为何每次总是那么一点点？
我催它，我唬它，我责备它，
蜗牛用抱歉的眼光看着我，
彷佛说：「人家已经尽力了嘛！」

我拉它，我扯它，甚至想踢它，

蜗牛受了伤，它流着汗，喘着气，往前爬……

真奇怪，为什么上帝叫我牵一只蜗牛去散步？

……

听到这首小诗时，大儿子虽小却也感动得泪眼婆娑。

我记起那时自己既诧异又欣喜。诧异的是儿子竟然可以体会诗中的含义，欣喜的是儿子的心灵如此纯净与善良。

我发现错的是我！我忘记了要等他的脚步，忘记了帮助他在错误中学习成长，忘记了和善而坚定地表达要求，忘记了用情感引导的方式教会他们如何处理情绪。

如果重回童年，我们希望的父母是怎样的？宽容、乐观、有趣、表扬、不着急。

**在与孩子的相伴过程中，我们要相信成长的规律，帮助孩子不断建立自信。而这个过程需要我们对孩子深深的信任而不是否定与不满。若真能如此，就能在孩子的成长中感受到陪伴的快乐；就能在父母的角色里体会到园丁的意义。**

王阳明说“圣人之道，吾性自足”。我们若真能相信孩子成长的力量，便能放下控制的欲望，让子弹飞一会儿，也许是更好的一种选择。

如何实现思维的转换呢？试试理解下面两个观点。

**第一，成长是时间线，不是时间点。**

对孩子的培养好似培育花朵，需要经历一系列的过程。当种子还在泥土中尚未发芽之时，我们无法通过肉眼看到任何变化。但是对种子而言，变化又无时不在。即使种子破土而出，能够看到每日生长的轨迹，我们依然需要持续等待，才能守得花开蒂落。

我们对于孩子的各种期望，更像是对开花结果的追求，孩子每一个被认定的正确行为都是那些花朵，但是从种子到花朵的过程，才是父母行动的时空。

于是，当我再次面对儿子学习上的不如我意时，我转换了思路。

在一旁看着他制订计划的踌躇满志，面对课外书诱惑的无所适从，审视计划执行失败的后悔不已……所有这些都是他需要经历的，都是他自己需要探索路径的。

我不再恼怒不已，而是让他去体会其中滋味，帮助他明确并坚定自己的目标，再去一点点实现。这期间一定会有反复，但我都当作他儿时学步时摔倒的一刹那，因为我相信他一定会站起来，走得更好。

孩子技能与品质的成长，好似学习走步的过程，总会摔倒、需要时间。如果站在这个时点，我们感觉孩子的各种表现还不能令自己满意，那么往前去看看发生了什么，再往后去看看，这个现状对于孩子的未来又意味着什么，也许我们就不会再执着于当下的各种结果。

这么长的人生，我们永远有机会重新开始，只要勇气、希望还在，不是吗？

**第二，成长是千人千面，不是千篇一律。**

作为父母，我们对孩子的期待是如此相似：身体健康、品德优秀、学业出众……但是犹如世界上没有两片相同的叶子，也没有相同的两个孩子。

**如果放弃无谓的比较，将注意力放在每个孩子身上，去真正体会他的成长故事，感受会不会不一样？**这正是我在陪伴小儿子学习过程中的收获。

当接受了两个儿子的不同，我可以沉浸在陪伴小儿子学习的过程中，焦点不再放在这道题应该会、这句话应该背诵下来，只是陪他徜徉在学习的过程中，对他提出的重复问题一遍遍去解答，看着他翻看那已经掉页的图书，搂着他一起欣赏看了二十几遍的英文动画。

我发现这个学习的过程让我们彼此感到快乐，而且我也相信即使小儿子在智力上真没有那么聪颖，但只要他保持对学习的乐趣与渴望，未来依然充满可能！

我听到很多父母说，等孩子高考了就解放了；等孩子结婚了，父母的责任就尽完了。对于这样的父母而言，似乎当前的每一天都在煎熬，唯愿目标实现的那份解脱。这样的状态又如何能真正体验到幸福？

**作为普通人，即使我们的工作岗位再平凡，工作价值再有限，成为优秀的父母去陪伴孩子成长，让孩子在父母无条件的爱中成长为自己本来的样子，是不是也足以让父母的人生充满意义？**

这是不是有点夸大其词？其实，每一个家庭都是社会的细胞，每个细胞的健康最终汇聚而成的就是社会的良性发展，这点毫不夸张。

优秀的父母不会揠苗助长，不会强加于人。优秀的父母与学历、身份、财富无关，他们只是按照成长的规律培养孩子，同时更是对自己生命的一次塑造。

泰国短片《豆芽》中的小女孩家境普通，但是她的妈妈一直鼓励女儿的好奇心，并支持她不断尝试，最后片中的小女孩成长为一名博士，在瑞典从事科研工作。成年后的女儿回忆说："妈妈说的**'我们来试试'**就像神奇的肥料，养育着我的好奇心，帮我的'知识之树'枝繁叶茂。"

试想一下，如果每个父母都将"成为优秀的父母"作为自己的目标，并在成为父母后的每一天用心陪伴孩子的成长，支持孩子找到自己人生的方向，真正释放自己的天赋，那是怎样的一种感觉？

尝试这样去想："感谢让我成为你的爸爸或妈妈，与你一起的每一天我都感受到成长的力量。我也不敢偷懒，逐渐完善自己为你做个榜样！

因为你的存在，让我感受到为人父母的那份责任与价值！”

**相信成长的规律，在孩子成长的每一帧画面中投入真爱，这种幸福无以言说！**

## 相信“价值”的价值

在普通人的幸福中，职场幸福通常是绕不过去的。每天8小时或者更多时间的投入，不仅是期待物质的收入、职位的升迁，还有心理上的满足。

沉浸在职场幸福中，我们可以体会到安全、尊重、自信、成就、爱、自我实现等多种积极的情绪，而职场幸福的背后，是一直围绕着职场价值来开展自己的工作。

初入职场，我们接受上级下达的任务，按照标准或要求去完成。但是，随着时间的推移，如果还是延续“任务”视角，那么很可能会成为“反复应用一个经验”的“职场新人”而止步不前。

那“价值”视角有什么不同呢？**“任务”视角着眼于做什么、怎么做，而“价值”视角则着眼于“为什么”**。

很多职场人士会有这样的苦恼，自己明明按照领导的吩咐完成了工作项目，但是到头来还是不符合要求，力气没少花，结果却不好。他们抱怨老板的“反复无常”。其实多数情况下，是因为他们的工作基于任务而非价值。

**基于“任务”的视角，做的是老板安排的事情；基于“价值”视角，是为老板想达到的目的而做**。如果在“价值”维度思考，我们就在推动自己站到老板的视角去思考，为什么需要这份工作，如何做才能实现最后的目标，这样自然会选择最优解决路径，而不会困在老板交代的要求中。

十几年前，当我还在一家上市集团担任人力资源部经理时，招聘了两名大学生，小李负责绩效管理，小张负责人事管理。很快我就发现他们工作成果的差异。

小李总是提出很多问题，在理解工作目标的基础上提出一些建设性意见，有些时候，呈现的工作成果并非我们最初设想的形式。而小张的工作却总是需要多次返工，究其原因在于她总是关注下一次我会提出什么要求，而不是基于我当下的反馈全面扫描，再行提交工作成果。

时间久了，小李越来越有自信，可以承担更加重要的工作，每天都精神百倍地投入工作；反观小张却业绩不佳、动力不足，很快就选择离职。

**“价值”视角不仅能让一个人在当下的工作中脱颖而出、获得认可，还能让人在职业发展的长线中找准方向。**

我曾录用过一个散打专业的应届毕业生小孙。那年，我们为集团招聘高级安保人员，要求本科毕业、身手好、形象佳、情商高。小孙在面试的最后问我们，他是否有机会从事人力资源管理。他面试的初衷是想借着这次机会寻求其他领域发展的可能。

我们很诧异，高级安保人员的工资是同批毕业大学生工资的两倍还多。他则表示，自己更看重职业发展，希望年轻时积累的经验，能够让他在未来拥有更多的选择权。聊了一会儿，我们判断他和我们HR团队的价值观一致，便破格招录进来。

十几年过去了，小孙已经成为一家房地产企业的副总经理，分管人事行政，在公司营销遇到困境的时候，他还能带领团队奋战在销售战线取得佳绩。此时的他已不依赖于外在或好或坏的评价，更重要的是，他对自己创造价值的追求指引自己不断前行。

有人可能会疑虑，在“价值”视角提出比老板更高明的意见，这怎么能行呢？

其实大可不必有此担忧，关键在于自己的态度。如果我们是谦逊、低调、团队至上的人，自然会获得领导的青睐与重用；如果领导没有胸怀容纳这样的人，还是百般刁难，那么我们过去基于“价值”的工作经历，是不是也可以在跳槽离职时成为过往成绩的背书，多了一份底气呢？

德鲁克说“企业的目的就是创造客户”，那些优秀而卓越的企业都将“为客户创造价值”作为自己的使命。职场上每个人也可视作微小的组织，个体与组织劳动合同的本质就是一种交换，组织用薪酬去交换有价值的工作成果，组织就是个体的客户，所以，只有个体的产出能够对组织的发展有真正的价值，才能获得个体长期的发展。

想象一下，基于组织价值的工作成果获得认可，作为交换获得了相应的回报，可以让家庭获得更好的生活，得以承担家庭的责任，我们感到安心而温暖；组织或团队肯定自己的付出，我们有相应的工作空间去施展所长，就会感到成就满满又期待未来。对家庭尽心，对组织尽责，这样的自己怎么会体会不到幸福的味道？

**行走于职场，基于“价值”去完成每一份工作，就能感受当下成就带来的快乐，从“价值”着眼规划自己的发展，就能体会自我发展带来的价值。**

即使微小的个体无法左右组织的发展，但是长期的“价值”视角培养了个体可迁移的工作能力，擅长于对结果负责、主动创造价值的个体，是不是在变化中会拥有更多的资源保障自身及家庭的安全与发展？

既然“价值”视角对于获得职场幸福如此重要，那要如何做到呢？这里给出三个建议。

**首先，要学会灵活定义价值的内涵。**

不同的组织角色，不同的工作情境，个体创造价值是有差异的。比如，当我们还是员工时，只需对自己的工作负责，此时的价值多是如何让经手工作高效完成，实现既定的目标。这时，人们常思考的问题是，这件工作为什么要做？在什么背景下产生的？呈现怎样的工作成果能够实现预期的目标？投入多少资源完成是合适的？可能会遇到怎样的困难和风险，预案是什么？工作完成后又有哪些经验积累？

此时，我们更多地聚焦在“事情”层面。而且，不同任务的重点也有不同，有的是快速完成，强调时效；有的是稳健推进，突出品质；有的是形象展现，彰显宣传；等等。这都需要在实施之前细细品味、认真琢磨。

而当我们成为团队管理者时，要对团队的工作负责，此时的价值要增加一项：如何让团队成员个人成长，让团队持续发展、人才辈出。

这时，管理者常思考的问题是：我的继任者是谁？团队能力梯队如何搭建？每个人的优势、劣势是什么？今年重点培养哪些能力？这个任务安排谁去更合适？某某成员需要怎样的成长锻炼机会？

此时，我们更多地聚焦在“人”的层面，而且随着管理层级的提升，对于下属培养的重点、培养的方法也在发生变化。一线管理者偏重落实执行，中层管理者偏重业务推进，高层管理者则偏重战略引领。

所以，我们必须找到自己匹配的价值创造点，才能准确呈现组织所期望的价值。

**其次，要坚持“内外兼修”。**

仅仅满足“组织期望”这一外部要求，还不能让一个人的职场幸福有充分的保障，此时还需要加入“自我期待”。也就是除组织需要外，自己的兴趣和目标在哪里。

换句话说，组织需要是满足我们眼前的需要，对于个人来说，又为自己的未来做了哪些准备，需要为自己筹备第二职业曲线。随着移动互联网技术的发展，“斜杠青年”越来越多地成为许多人的人生标配。

第二职业曲线并非要我们起早贪黑用健康换取收入，更不是偷工减料，挖自己东家的墙角，而是依托现有平台或者自己的个人兴趣，去发展自己新的能力强项，为自己的职场幸福增加砝码。

比如，我曾经的一位同事小丁原本在一家公司做人力资源工作，但他特别喜欢写小说，利用业余时间笔耕不辍。因为兴趣所在，从来不觉得疲惫。直到有一天，他发现网上写作的收入快赶上主业收入时，决定辞职专门写小说。几年过去，他已经成为行业内的名人，几本小说都被翻拍成电视剧，早早实现财务自由。

也许，有人会说，这可不是普通人。那再看我的另一个朋友小吴，他的本职工作是负责校园招聘，但是他对助人成长特别有兴趣，在体现自己价值的同时，内心也能深深地感到满足。于是他自费学习了职业生涯规划课程，在完成本职工作的同时，开始为大学生开展职业生涯规划咨询。新的业务是不是为他的职场发展提供了一个新的可能呢？

我的另一个朋友小美原本在其他部门做着重复度极高的类似内勤的工作，但是她在业余时间学习绘画。原本只是为了帮助孩子完成家庭作业，可是随着学习的深入，她越来越喜欢这个技能，几年后，借着知识付费兴起的大潮，她已经在线上教育领域有了自己的一席之地。同时，她的这一技能也被公司发现，调入新的部门，从事与绘画技能相关的工作岗位。

**所谓“内外兼修”，就是让我们在职场上的价值点拥有备份，在满足组织外在需求的同时，也能够实现自我内在的追求。**

若这两个价值点能够相互协同、相互促进，甚至在一定条件下相互转化，是不是我们创造外部价值的范围会更大呢？当一个人因为拥有了更广阔的选择空间，而让自己的职场位置更加稳固时，是不是相应的幸福感也随之增加呢？

**最后，要成为职场“内控者”。**

能够灵活定义职场价值，开始培育第二职业曲线，还不能让一个人获得更加稳固的职场幸福，还需要一个内控者的视角。

“内控者”来自美国心理学家罗特提出来的控制点理论。**所谓内控者，是相信自己能够对事情的发展与结果进行控制，此类人的控制点在个体的内部。**成为职场上的“内控者”，意味着在遇到困难或工作不如意时，能够积极面对，向内挖掘潜力，而不会怨天尤人、消极抵抗。

比如，我们辛辛苦苦完成了一项工作，确实在业务上实现了一次创新，对组织未来具有价值，对自己来说也是一次有益的尝试，但是很遗憾，公司评估以后认为当前不会投入更多资源去扩大该业务。

作为内控者，他会思考，在此种情况下自己应该如何去做；会理解组织决定背后的深层次原因可能是战略选择。内控者会迅速调整方向，并且在这次工作中积累新的经验，他不会认为这样的结果是对个人的否定，相反会评估自己的进步与收获，看到此次挫折的意义与价值。而外控者的行为则与此相反。

那么请问，谁的幸福感更高？幸福感从不等于一帆风顺。**幸福感作为一种体验，在职场上尤其需要我们有一双识别意义的双眼，在任何情况下，都能激励自己充满希望地前进。**

所以，职场上的普通人，相信“价值”的价值就是职场幸福的根基。即使我们的岗位再平凡，都能在短期价值中感受到自己工作的意义，不会看低自己的付出；都能在长期价值中体会到自己人生的意义，不会辜负自己的才干。

## 相信“相信”的魅力

幸福是一种内在的主观体验，与财富、身份、地位并不直接相关。没有背景、缺乏资源、少有人脉的普通人，在子女、父母、职场人这三类最高频的社会角色中，也可以体会到幸福的滋味。

相信爱、相信成长的规律、相信“价值”的价值，这背后的本质在于我们做到了这些角色应该做到的事情，这份幸福就隐藏在每一个角色实现的意义之中。

诚然，实现社会角色的贡献需要多种条件支持，但是“相信”思维绝对是众多条件中最为重要的一个。

**相信直接影响结果的方向。**认知是人们对事件的认识和看法，包括对过去事件的评价，对当前事件的解释，以及对未来事件的预期。而相信思维就属于认知的范畴。

按照认知心理学的理论，认知可以决定特定的情绪和体验，甚至影响行为的目的和方向。

《战国策》中有一篇《触龙说太后》，其中提到秦国趁赵国政权交替之机，大举攻赵，形势危急，赵国向齐国求援。齐国一定要赵威后的小儿子长安君为人质，才肯出兵。赵威后溺爱长安君，情绪低落、水米不进，迟迟不予决策，致使国家危机日深。触龙因势利导，以柔克刚，用“爱子则为之计深远”的道理，说服赵威后，让她的爱子出质，解除了国家危难。

触龙使用的正是认知调整策略，改变了赵威后的情绪与决策的方向。

相信自己具备实现幸福的能力，首先能够调动人们的积极情绪，对未来充满希望，进而产生无穷的力量去应对可能的困境与问题。不要小看信念的力量，在竞赛场上，我们经常可以看到场外教练对运动员的鼓舞。运动员若怀着必胜的信念迎战，即使比分胶着甚至暂时落后，都有可能获胜；而最开始就对能否胜利抱有怀疑的态度，或者在对手的重击下心理防线失守的队伍，一定会以失败告终。

一个人相信什么，就会成为什么，这并不是唯心主义，而是真实的心理学实验。哈佛大学心理学教授罗松塔尔曾做过一个实验，他把一群小老鼠分成两个小组，A组交给一个实验员，告诉他这群老鼠属于特别聪明的一类，B组交给另一个实验员，告诉他这是智力很普通的一群。两个实验员分别对这两群老鼠进行训练。

一段时间后，对两群老鼠进行穿行迷宫的测试，实验结果显示，A组老鼠比B组老鼠聪明的多，都先走出去了。然而，罗松塔尔教授对两组老鼠的分组是随机的，但是实验员已经确认A组为聪明的老鼠，于是就用对待聪明老鼠的办法进行训练。结果，这群老鼠就真的变成了聪明的老鼠。

由此可见，“相信”本身就产生了一种力量，让结果有机会朝着期望的方向发展。

**积极的相信能够激发内在的资源。**爱、规律、价值本身即属于客观的存在，亦代表了积极与希望。我们若真的相信这些积极的因素，就会发现似乎周围都是爱的影子、规律的作用与价值的方向。为什么会如此神奇？

因为人类大脑所特有的反映功能——意识，这是人类心理与动物心理的根本区别。意识是人类在觉醒状态下的觉察，既包括对外界事物的觉知，也包括对内部状态的觉知。

然而，大千世界纷繁复杂，随时随地有数量巨大的信息传递给人类的感官，而大脑的处理能力又很有限。因此，随着进化，人类的意识就具有了指向与集中的属性。换句话说，意识选择一部分信息反映给大脑，这部分信息一般是5—9个。

我们的大脑很聪明，这么多的信息一下子涌进来，就会像电脑内存不够一样而瞬间死机，所以大脑的记忆有瞬时记忆、短时记忆和长时记忆三个记忆系统。瞬时记忆的容量很大，但是只有被识别到的5—9个信息，才能进入短时记忆，而这5—9个信息被复述后，又被送到长时记忆。

我们可以把短时记忆理解为电脑内存，把长时记忆理解为电脑硬盘。所以，积极的相信调动了我们的意识，并把它存储到长时记忆中，而当我们的积极信念占据上风，再看生活中的各类事件时，从长时记忆中调取的积极信息又将反馈于自己，再次强化这种信念。

人本主义心理学认为，人都具有自我实现和成长的能力，都有很大的潜能能够理解自己并解决自己的问题，他们相信人们的自我治愈能力。而积极的相信与上述观点不谋而合。

阻碍人们获得幸福体验的正是那些负向的声音，如我的父母不爱我，他们总是让我难受，从不为我着想；我的孩子就是来惩罚我的，他们就是要证明我是失败的父母；他们都看不到我的努力，我已经做到了我能做的最好，却无人为我喝彩；等等。

而积极的相信更像一缕阳光，给人们带去光明与希望，让人们穷尽所能去追求心中的美好。当然，积极的相信不等于盲目乐观，只是看到光明与黑暗时本能地选择光明，当个体的行为与内在保持高度一致时，才真的焕发了个体内在的能量。

仔细想想，那些负向声音的背后都是对正面意义的追求：控诉父母的，都在渴望被爱；责备孩子的，都在期待成长；厌恶工作的，都在呼唤肯定。而当我们内在的能量与行为呈现相反的方向时，展现的力量自然受到损耗，又如何能展现我们真正的能力呢？

个体心理学家阿德勒说过，**所有真正的“生命的意义”都有一个共**

**同标志，那就是他们具有普遍意义——能够为众人所分享，为他人所接受**。他可以成为解决他人问题的一种样本，他将个人意义建立在对他生命的贡献之上。

**相信爱的力量**。当我们用爱去拥抱这个世界，去看见更多的善意，爱也将回报于自己身上。

**相信成长的规律**。当我们站在成长的视角，去看待周遭的一切，去体会过程的魅力，将有胸怀去接纳缺憾与个性，有勇气给予空间与自由，而成长也将映射于自己身上。

**相信“价值”的价值**。当我们立足于价值视角去呈现我们的工作，去创造更多的可能，则不断放大个体的价值，有机会获得更加广阔的空间，而价值也将反馈于自己身上。

作为普通人，相信爱的力量，相信成长的规律，相信“价值”的价值，我们就是在为周围人贡献着自己，而对这份意义的坚持，开启了我们内在的宝藏。

能够做到相信，则放下了执着与不安，选择了开放与奉献。照亮他人，成就自己，或许这就是相信的力量吧！

## 成长百宝箱

### 迪士尼策略：为梦想的实现提供最大可能性

迪士尼策略是一种感知位置的教练工具。国际NLP大师罗伯特·迪尔茨研究迪士尼的工作过程开发出的一种工作策略，被命名为迪士尼策略。这一策略利用平行思维，跳出原有的认知模式和心理框架，打破思维定式。

所谓平行思维，是指从多个不同的角度来考察同一个事件，而不是仅按某个固定的思维路线思考问题；与此相对应的就是垂直思维，是指利用既有的思维定式、知识、观念、结构和感知，来认识问题和分析问题，借助逻辑进行分析和判断。

迪士尼策略正是在决策中引入了平行思维框架的头脑风暴策略，为实现梦想提供最大可能性的一种方法。

**具体做法如下：**

我们首先确定要思考的事件，然后准备三张A4纸，分别写上梦想家、实干家、批评家，并排放在地上。

第一步，站在写有“梦想家”的纸上，去描绘心中的愿景，要求用正面的语言去描述，调动不同的感官，呈现出完整的画面。这时，请我们保持放松、平衡的状态，略微抬头，眼睛目视前上方，这个阶段，可以使用如下问题：

1.我想要的是什么？（我的目标是什么？）

2.为什么我想要这个目标？目的是什么？（也就是我的目标是为了什么？）

3.如果这个目标实现了，我有什么好处？都对哪些方面有好处？（聚焦实现目标的意义与价值。有人可能会疑惑，这个问题有什么用呢？去感受一下，当我们清晰这个问题后，自己内在的动力是否有所增强？）

4.怎么知道我已经获得了这些好处？当发生什么情况时，可以知道我已经获得了这些好处？

5.在实现这个目标的过程中，我会变成什么样子，或者成为怎样的一个人？

第二步，走到写有“实干家”的纸上，去思考如何行动。这时可以低头目视前下方，使用如下几个问题：

1.我想在什么时间实现这个目标？

2.实现这个目标都和谁有关？我要对他们进行怎样的任务分配，他们都分别承担什么样的责任？

3.实现目标的步骤是什么？总共有几步？每一步分别是什么？

4.产生什么样的结果，能够让我去判断自己正在朝着目标前进的道路上，或者已经偏离了路线？

5.发生什么样的结果，知道我的目标已经实现了？

第三步，站到写有“批评家”的纸上，去思考前面的梦想与计划有哪些漏洞和风险，有哪些与现实存在冲突的地方。这时可以目视下方，头部低垂，用观众、第三者的视角去审视与评价，提出假如出现什么问题，需要怎样的行动。

可以使用的问题有：

1.有哪些人会影响这个计划的实施？谁会支持这个计划？谁会反对这个计划？为什么会反对这个计划？

2.与计划相关的各方，他们的需求和利益是什么？

3.这个计划的潜在风险是什么？

4.目前这个计划实施不具备的条件是什么？

5.从计划实施的完整性看，还欠缺哪些？

6.如果会产生一些意外，那会是什么？

第三步做完以后，看看哪个角色思考的还不够清楚，就再走到那个角色的位置上，再去探索，直到得到满意的方案为止。

最后，综合所有角色给出的新的思考，重新调整实施方案，以便提高方案实施的可行性。

UPGRADING MINDSET

第8章

# 灵活变通，应对不确定性

作者：曾华

沿着一张旧地图，一定找不到新大陆。

——管理学教授陈春花

【本章作者简介】

曾华，坐标湖北武汉，现就职于世界500强制造业管理岗位。多年行政管理、供应商管理经验，专注于个人认知与提升，擅长用文字记录思考与表达。

近年，因结识教练，实现了人生与职场的重大转变，在进一步学习教练技术后，更是发现教练不仅是探索自我的绝佳辅助，更是助人的有力工具。

在这充满不确定的当下，希望借助写作+教练这一组合形式，传递力量，帮助更多的人打造从外至内的支持系统，让改变发生。

说起“不确定性”，我们会想到什么？是来也快、去也快的各种风口，变幻莫测的行业趋势，还是转瞬即逝的时事热点，或者更多？

“不确定时代”似乎是个热度从未消退的话题，但就个人而言，总觉得，这个Volatility（易变性）+Uncertainty（不确定性）+ Complexity（复杂性）+Ambiguity（模糊性）的集合体VUCA，距离自己还是挺远的。

毕竟，作为一路好好读书，认真工作，最后走向企业组织机器的小螺丝钉，我是属于被保护得很好的那类人：稳定的工作环境，熟悉的工作内容，固有的工作流程，熟识的工作伙伴们。似乎，在自己身上，时代的不确定并没有留下多少痕迹。

如果不是2020年的新冠疫情，我身处武汉，在家数月，我想，自己可能不会对“不确定性”建立起如此感性与具象的认识：动态变化的疫情，应接不暇的防疫措施，莫衷一是的舆论，反复被推迟的复工时间。

疫情之下，我所处的生存系统，完全符合了VUCA的每个特性：事情快速变化的“易变性”，不知道下一步方向在哪儿的“不确定性”，每件事都可能会影响到另一些事情的“复杂性”，以及各因素彼此之间关系不明确的“模糊性”。这些都让我这个“确定分子”晕头转向。

再后来，获准复工重返职场，我一度天真地以为，一切都会恢复到疫情前的原状，却发现什么都变得VUCA了：公司人手不够，对接的人变了；业务方面，各方需求海啸般扑来，千头万绪；工作缺乏预测性，前一天下午还不知道第二天要做些什么；信息高度不对称，沟通成本呈几何倍数增加，稍不留神就会吵成一锅粥……

这些巨大的反差，让我不禁疑惑：春天已到，疫情防控平稳，可岁月，怎么就不静好了？

带着这份崩溃，我才迟钝地开始思考：其实，有没有可能，挑战从现在才刚刚开始？在这个不确定时代，我们该何去何从？

《庄子·至乐》中有这样一句话：“名止于实，义设于适”。意思是说，名义要与实际内涵相符，而义理，则要根据实际情况，灵活变通。

事物的名义要与其本身特点和内容相符，让人们知名如睹物；若名不副实，就会使别人受到欺骗。义理如同规则，是调整人们行动的规范，如果符合实际情况，就能够推动社会和事物的发展；反之，则会阻碍发展。

《旧唐书·郭孝恪传》有言：“请固武牢，屯军氾水，随机应变，则易为克殄”，意指：要随着情况的变化，灵活机动地应付。

清代戏曲理论家、戏剧作家李渔，在《闲情偶寄》中也表达了对这个道理的认同。他说：“变则新，不变则腐；变则活，不变则板”，翻译过来就是：灵活变通，就能够推陈出新；一成不变，就会变得迂腐。只有变通活用，才能够鲜活，否则会变得死板。

上述论说，是古人深有体会并总结提炼出来与世人分享的智慧结晶。他们共同指向的是：**灵活变通，依据不同情况，作非原则性的变动，不拘泥成规，遇特殊情况，可酌情处理。**

时代进化到今天，这个看似平淡无奇的道理，仍然还能适用于现代的工作与生活吗？答案是肯定的。

## 两大意义：过好一生的基础与时代的起码要求

从小到大，普世规则教给我们的是：趋利避害、最小成本获取最大利益、按照经验从事，等等。在相对稳定的环境中，我们因这些经验而受益匪浅，但在变化日新月异的时代，这些规则却在一定程度上，变成禁锢我们进步的镣铐。

因为，大多数时候，我们看的是别人的故事，悟的是别人的道理，却并未清晰地想过别人的故事与道理，与自己的人生究竟有多少重合，能有多大程度的适用性。这也是为什么我们常抱怨：道理懂了许多，却仍过不好这一生的原因所在。

所以，**懂得道理固然重要，灵活运用，活成自己的样子更重要。**

当今个人成长领域最具影响力的专家之一、杰出的互联网创业者维申·拉克雅礼，在其所著《生而不凡：迈向卓越的10个颠覆性思维》中指出，我们所认为的世界运行规则，不过是由幼时教导、权威人物、归属需求、社会认可、内心的不安全感五个方面塑造而成。这些被作者称作的“胡扯规则”，使得大多数人都是按照普世的规则，依靠惯性而活，极少有过深入的思考与探究。

世界上没有完全相同的两片树叶，更没有完全相同的人生。在这个不确定时代，没有适用于所有人的成功范式或者典范人生。

正如尼采所言：你有你的路，我有我的路。至于适当的路、正确的路和唯一的路，这样的路并不存在。**我们只有通过灵活变通，才能找到真实的自我基础，走上属于自己的人生之路。**

虽然大家都说，这是最好的时代，经济飞速发展，科技日新月异，时代给每个人的发展提供了巨大的机遇；但这个时代也很残酷，抛弃从来都不会打招呼。就连号称19年不关一家店的传奇商场大润发创始人也发出感慨：战胜了所有对手，却输给了时代。

商业世界里，太多的组织验证了达尔文的物竞天择理论：在丛林里，最终能存活下来的，不是最高大、最强壮的，而是对变化能做出最快反应的物种。变化，才是亘古未变的真理。

个人也是如此。还记得那个说“我今年36岁了，我的青春都交给了收费站，我现在啥也不会”的高速公路收费站下岗大姐吗？那番振振有词的言辞背后，是让人不寒而栗的自以为是：以自己的不变，应外界的万变。不过36岁而已，就将自己圈定在收费事业的舒适圈中，放弃任何圈外的学习。再想想66岁还在踊跃报名淘宝资深用户研究专员的老人们，我们不得不感慨：人不是被岗位、被时代所抛弃，只是被自己所放弃。

**面对变化，我们需要时常关注、刷新我们的工作地图、生活地图，留意新变化，并在变化中寻找创造的机会。**

正如著名学者吴军老师倡导的，不要做一只体型庞大的恐龙，经受不起环境的变化，而是要做一条变色龙，随时根据周遭的环境去适配与调整。在这个不确定的时代把握生存的机会，并在挑战中争取更持久、更高速的发展。

**灵活变通，是在这个时代，摆在每个人与组织面前，关乎生存与发展的基本命题与共同命题。**

## 两大误区：固定性思维与二元思维

既然在这个不确定时代，灵活变通对组织与个人如此重要，那在现实生活中，为何我们时常做不到呢？

**究其根本，还是背后隐藏着的思维方式的误区。其中一种，便是固定性思维。**这个思维理论来自斯坦佛大学心理学教授卡罗尔·德韦克（Carol Dweck）的心智（Mindset）研究理论，具体是指：固定性思维的人通常认为，他们的能力是天生的，一切发生的事物都是为了证明他们的能力，他们相信决定事件成败的是天赋而并非努力。

**与之对应的一种思维叫作成长性思维。**具有这种思维的人认为，天赋只是能力的起点，而能力是可以经过后天的努力而得到精进的。这使得他们更愿意倾听，不畏挑战。

从概念上看，这个研究似乎是在说天赋，但放在生活实践中，就会演变成诸如此类的想法：

- 这件事情以前是这么做的，所以现在也只能这么做。（固定性思维）
- 这件事情以前是这么做的，那这些做法中有没有共性的地方，我可以根据现在的情况，进行更新或改进？（成长性思维）
- 这件事我没有做过，所以我肯定不行。（固定性思维）
- 这件事我没有做过，但是和我以前做成功的某件事有共通之处，也许我可以试一下。（成长性思维）

可以看出来，拥有成长型思维的人，面对外部的不确定性与挑战，有一种自我激励的动机，使个体面对困难时，有更强的韧性，更乐于接受挑战，并积极扩展自己的能力。恰恰这个“乐于”与“积极”，就是灵活变通的前提。

反之，如果被固定性思维钳制，即使知道应该灵活应对，个体也会被思维惯性再一次拽回到旧做法中，选择墨守成规，直至碰壁失败。

**另一个思维误区是：非此即彼的二元思维。**这种思维模式是把问题先看成一个封闭整体，把话题属性固定下来，然后一分为二，再进行分析或推理。这种非对即错、非好即坏、非黑即白的简单定论，是我们生活中经常轻易下的结论。

虽然大部分人知道世界是复杂的，系统是多面的，需要从全局多角度地分析研判，但在实际生活中做选择时，我们的头脑会偷懒，倾向于用事实简单验证后，直接在对错、好坏、黑白中选择，快速盖棺定论。

二元思维方式带来的结果，经常是如果我们判定错了，就是坏的，就是黑的，我们就会感到无力，焦虑，心生评判，认为无法再施加影响，改变事已至此的现状，从而丧失改善，甚至改变现实的意愿与主动性，直至事情真得变得无法挽回。

对此，《高效能人士的7个习惯》的作者斯蒂芬·科维在他的《第3选择——解决所有难题的关键思路》中给出解决方案：第3选择。

科维认为，不要陷入两种选择的思维陷阱，这会让我们每天都忙于说服别人、打败别人、讨好别人或者教育别人。**如果我们转换角度，运用第3选择的思维来倾听、沟通，就有可能达成更好的效果，具体做法包括协同、并联以及取中。**

深具影响力的个人成长作家张德芬老师早已提醒过我们：外面没有别人，只有我们自己。要想从容面对多变的世界，我们要时刻警惕大脑的惰性，观察自己的判断是否落入了固定性思维和二元思维的陷阱，从根本上做到灵活应对。

这个陷阱，我曾真切地体验过一把。

在我家，孩子平时都由队友（孩子他爸）送上学。为了支持队友做好送孩子上学这件事情，我提前很长时间就与女儿做了沟通，强调要配合爸爸的指挥，准时起床，按时到校。

孩子答应得倒也爽快，没想到实际开始执行时就放出大招：赖床。通常是爸爸无数遍的呼唤，孩子还躲在被子里呼呼大睡，等送到幼儿园时，已经迟到。

面对这个难题，开始，我的想法就是按照平时工作的思路，进行客户访谈，找出问题，然后顺藤摸瓜给出几个解决方案，实施改进（**固定化思维**）。

于是我就趁睡前时间与孩子聊天（实际是老母亲在套话），向孩子打听每日晨间起床的具体细节。结果孩子告诉我，是爸爸迟迟不起床，好几次还是孩子给叫醒的。

知道这个事情后，我一时不知该相信谁。因为起初我以为要么是孩子赖床不起，要么是队友睡懒觉，总归是有一人在拖后腿（**二元思维**）。但没想到的是，两人对上学迟到都有“重大贡献”，这简直是让我大跌眼镜。

最搞笑的是，我去找队友核实，队友倒是坦荡，说：是呀，有时娃睡懒觉，有时是我，大家半斤八两，也不全是我的问题嘛！

这副理直气壮甩锅的姿态，气得我这个老母亲一时语塞。

冷静之后，我努力调用了足智多谋的头脑，觉得可能是解决问题的思路不对。此前，我把注意力几乎都集中在队友身上，觉得事情没安排好，一定是出在队友身上（**固定性思维**），但从来没有想过孩子配合的问题，也没有想过要调动孩子的积极性去配合。

所以我试着转换角度，尝试从孩子入手（**成长性思维**）。

按照偏好，我给女儿买了小马宝莉的闹钟，调好定时，每日放在床头Morning call（叫醒）。刚开始，效果还不错，即便还是个奶娃娃，偶像也体现出号召力，将“起床困难户”从被子里拉出来。

但紧接着就出现新的问题：孩子起床是早了，但早起后要么去画画，要么玩玩具，拖拖拉拉地出门，还是迟到。

更糟糕的是，偶像闹钟的新鲜劲儿一过，家里的大人和孩子就像达成默契似地迅速打回原形。

那时候，我正好学习到PDCA的理念：计划（Plan）—执行（Do）—检查（Check/Study）—处理（Act）。我把孩子上学这件事进行比对：我制订了送孩子上学的方案，详细培训队友该如何做（P）；安排家中队友按照我的引导执行（D）；通过到校准点率检查执行效果（C），并对仍然迟到的结果不断进行调整（A）。

回顾整个过程，步骤是基本契合了，但没能彻底解决上学迟到的问题。问题出在哪里呢？这个答案直到碰上《爱的五种语言》这本书，才揭开谜底。

这本书的作者是美国著名的婚姻家庭专家盖瑞·查普曼博士，他认为，亲密关系的表达有五种语言，大体包括：肯定的言语、精心的时刻、有意义的礼物、自愿的行动与身体的接触。

通过测试，我初步判定“身体的接触”对家中队友和孩子都特别适用；而且，对我而言，出门乘坐通勤车前，实施身体接触的时间也足够充裕。于是，从那天开始，每天叫醒父女俩的不是闹钟，也不是梦想，而是我的吻。

对此，孩子表示相当受用，有时还会在睡眼蒙眬中要求“再亲两口”；队友则欲哭无泪，直呼“掐死我的温柔”（**成长性思维、第3选择**）。

尝试一段时间后，我惊喜地发现：队友与孩子从清醒到起床的时间大幅度缩短，起床效率得到明显提升，而且大人和小孩的起床气明显消减，欧耶！

我在暗自窃喜这个战果的同时，也突然意识到一个被长期忽视的事实：在日常忙碌的生活节奏中，一家人真正一起交流的时间，只有晚上的三四个小时，遇上队友或者我加班，就被直接取消。

所以，在我看来的“上学迟到”这件事的背后，其实全是人的问题，根本还是家人之间缺乏足够有效的沟通与交流。所以，并不是类似PDCA之类的方法论失效，而是上学这件事涉及的相关方的利益与需求，是否被看见，是否被尊重，是否被满足。

这也是很久之后，在接触、学习教练技术以后，我才突然意识到“看见的力量”。这股力量魔力般地推动我们，不再孤立地从“我”出发，而是从“我们”出发。

看待问题的视角，因对他人的关怀而增加了维度，解决问题的出发点也顺其自然地，从“我认为这是你们的问题”的对立，转化为“我可以为大家做些什么”的融合。

回顾整个家庭“斗争”的曲折过程，真正让事情发生改变的关键点虽然看起来微小，但是对家庭的亲密关系起到了重大推动作用。大家彼此看见了对方对爱的需要，更看见对方重视、关注彼此感受的心意，从而也就有了这个“吻醒”的创意，让起床不再只是一项被动执行的任务，而是家人之间彼此交换关爱，表达关心的重要仪式。这也是我运用第3选择——“爱的语言”时，未曾预料到的收获。

其实，不仅是送孩子上学这一件事，**每个人在处理家庭关系和家庭事务上，都可以突破固定思维与二元思维，在总是给我们出难题的生活面前，多一份从容，多一种选择。**

比如，在做饭、做家务这件事情上，有人选择工作、生活两头担，全都包揽，虽然疲累，但却享受了自己亲历亲为的满足感。也有人选择在有限的经济承受范围之内，部分外包，借助外力分担，将宝贵的精力体力留给自己。不论哪一种方式，都没有绝对的好或者坏，都是根据个人经济与家庭条件做出的匹配性选择。

生活，本就是人生修炼的主战场，不论面临何种选择，都要从自身实际出发。如果多一些融通，少一些“别人家怎么样，我也要怎么样”的生搬硬套，更少一些“要么你是对的，要么我是对的”式的对立，相信我们期待的幸福与和谐，就在不远方。

## 灵活应对的第一步：于不可能中创造可能

2020年，大家都经历了最魔幻的一年：1月，有人改行卖猪肉；2月，有人改行卖口罩；3月，有人改行卖熔喷布；4月，有人改行直播带货；5月，有人改行卖头盔；6月，有人改行摆地摊……干什么工作都不稳定，在不断反转的日子里，谁也无法笃定明天会发生什么。

疫情是个放大器，放大了这个时代的不确定性，但即便如此，生活乃至生存受疫情影响的我们，也只能在这份莫测的变化中，去寻找一丝属于普通人的确定与安全。而这，就是包括我在内的1000多万名江城人民，在暴风眼中闭关数月之久后所面临的最大现实：别无选择。

时针倒拨回2020年3月中旬，坐标湖北武汉。政府号召复工，从2019年12月底就没出过小区的我，兴奋地将第一次踏出家门的机会，送给了公司的复工。

当时的自己天真地以为，一个城市的重启、一个组织的复工，不过就是相关人等从家里回归职场，然后大家照旧，重复过去的流程与工作内容而已。但摆在眼前的事实是：关门歇业难，开门营业难上加难。

开门，意味着从头再来，一切从零开始。首先，就要从找员工开始。公司开工要人，但大部分员工还出不了小区。虽然离汉通道已经开启，城市重启的新闻报道铺天盖地，政府也表态要全速恢复发展经济，但真正回到现实中，在人员出门、放行问题上，几乎所有的社区和小区，仍然延续着前期的严格管控态势。

而我的公司，此前虽已专门安排人员留守，保证各类设备仪器的基础运行，并陆续上线各类流程，但大批员工不复岗，组织整体始终没法正常运转。

在这样的复工大背景下，公司每个部门都开始为各自负责的业务线拼命找人、找资源。没人，我们就连夜整理公司员工的信息，第二天一早赶到市里，去办理有防疫指挥部盖章的复工证明。

原以为本地员工拿到复工证明就可正常出勤，可仍有不少小区出于防疫管控安全不放松的原则，仍不放行。于是，公司管理层亲自带队，兵分多路，到每一处员工居住较集中的生活小区，逐一找社区解释，沟通，“抢人”。

对于春节返乡被滞留在外地的员工，公司紧急协调资源，用专车将他们从异地家乡接回武汉；担心专车不能正常通过高速进入周边县市，公司安排所有管理人员，一城任命一个“团长”，亲自坐镇，带着大巴车，跑遍了武汉周边几乎所有城市，“抢人”。

仅自己的员工返岗不行，还需要各供应商的配合，制造链才能真正恢复生产。于是，我们又开始收集200多家供应商员工的信息，整宿整宿地联系、整理，就为了能在第二天一早，赶到政府办理各类复工证明；同样安排专车，接供应商返乡不在武汉的员工上班。最后，供应商人手还是严重不足，我们干脆将自己的员工送到供应商的现场顶岗，帮对方加班加点干活。对方食堂伙食供应不足，我们安排专人，每天扛着一箱箱泡面、榨菜、火腿肠到现场派发，以至于至今大家听到“泡面”两个字都直反胃。

在做这些事情的同时，我们自己内部还在不断地优化，分领域恢复生产与运营，分区域做好消杀与人员轨迹跟踪。庞杂的工作量，如何做得精准而恰当，有序且有效？一盘有上万颗棋子的棋局，考验的不仅是当局者的运筹管理能力，也是每一位局中人的复原力。

回首这段被我们称作“磨掉一层皮”的复工经历，我常常有重新认识团队、重新认识自己的错觉。岁月静好的日子过得太久，我们常错把日常的资源、流程、方式、合作伙伴，甚至业务存在本身，都当作理所当然，视作天长地久。

因此，面对全新的现实，我们刚开始会有些无所适从，甚至出现焦虑与恐慌，内心本能地依然期待沿用老方法、旧流程去解决新问题。可事实直白地告诉我们：**变化已然发生，回避，甚至逃避，行不通。**

借用鲁迅先生那句老话：真正的猛士，敢于直面惨淡的现实，敢于正视淋漓的鲜血。而今，有些先天优势被削弱了，有些运行模式根本不灵了，有些管理方式反而成了向前一步的障碍。

所以，在疫情得到控制后，大家终于清醒地认识到：既有资源，基本归零；现有流程，亟待重塑；已有优势，呼唤重建的必须。于是，组织与个人开始转变资源利用方式、调整资源获取方式、突破运转方式，反而于被动中摸索出一条新的生存之路。

经此一役，大家渐渐接受这样一个道理：**大到组织社团，小到部门个人，在变化已然发生的事实面前，只有放弃固有习惯与模式，审时度势，灵活应对，才有可能重新起架构、造流程、寻出路，找到问题的答案。**

也许，下一次，现实还会毫不留情地拿走曾经熟识的一切，但我们仍然可以凝结智慧与勇气，从不可能中创造可能。即便从零出发，也不妄自菲薄，立足现有条件，沉心静气，灵活应对，发挥自己的创造性，最终开辟出一条通向胜利的新路。

我想，这些大概也是华为等企业面临外部市场巨大不确定，做出种种断臂求生举措时，让我们感动的地方；也是“罗永浩们”面对陡然变化带来的压力，走出舒适区与既有光环，投身到新经济浪潮中，让我们敬佩的地方。

面对不确定性，不论组织还是个人，所承受的压迫感与紧张慌乱是相似的，更别谈在生死关头、存亡之际的关键时刻。

但我们看到，在这个不确定时代下，更多的组织选择了检视并抛弃固有，走近变化本身，直至与之再次融为不可分割的一体共生共荣。

**勇敢者，不是没有懦弱，而是胆怯的同时仍然在走向变化与挑战。**

**勇敢者的游戏，要有放得下的勇气，才有拿得起的硬气。**

## 灵活应对的第二步：让生活更有掌控力

在高速运转的时代里，我们无时无刻不在承受着来自四面八方的压力。在这种生存条件下，我们通过锻炼身体与均衡饮食，保持健康的体魄；通过不断学习充电，保持与时代变化的同频；还通过各种修炼，努力夯实自身的抗压力。所有的这些，无不指向一点：我们试图保持自己的弹性。

在物理学中，弹性是指物体发生形变后，能恢复原来大小和形状的性质。具体来说，它描述了一个物体在外力的作用下，如何运动或发生形变。我们人类也是如此。

**为了生存，我们会根据外界的环境，灵活调整自己的应对方式，以获得更持久的生命长度；为了发展，我们主动融合到个体以外的世界中，去拓展生命的宽度与厚度。**

而一旦有了弹性，人在面临各种复杂环境时，就会变得更有韧性，不会轻易被外界的干扰所影响。南非前总统曼德拉传奇的一生，就是韧性的最真实、最生动体现，所以才有了他的那句感慨：**生命中最伟大的光辉不在于永不坠落，而是坠落后总能再度升起。**

具备了弹性、韧性后，人的生命状态会显得更加有活性。这种活性表现在，如果目标与期待一致，我们能保持高昂斗志；一旦两者相冲突，也不会陷于失去掌控的束手无策中，仍然能够在困境中寻找光明。

关于人的弹性、韧性与活性这一看似深奥，实则简单的道理，我第一次真正领会还是在疫情期间。

2020年疫情开始后不久，居家办公的新鲜劲儿一过，我就开始变得焦虑。因为我一度以为可以兼顾带娃与居家办公的平衡，在工作一再被娃打断、被家事干扰的现实下，情况显得岌岌可危。为此，我有些抓狂。

我曾笃信不疑地认为，居家后有了充裕的时间，自己一定能搞定这个长久以来困扰自己的问题。可现实却冷淡地告诉我：太天真！

当向往的生活渐行渐远时，我不禁开始焦灼疑惑：到底是什么，阻挡了我对美好生活的追求？

一直以来，我都认为，没有老人搭手以及我的全职工作现状，导致没有足够的人手料理家务，我没有足够的精力去照顾家人。自己对家人，特别是孩子，始终心怀歉疚。

所以，在某个并没有意识到的时刻，我曾对自己许诺说：若有朝一日，能够全面回归家庭，我一定做到以前做不到的，做好以前没能做好的。

于是，“要全力以赴，做到完美”的信念，便成为指挥我行动的“司令官”，造就了模糊家庭成员边界、不分轻重缓急的生活模式。而恰恰是这份用力过猛，让自己失了分寸，造成自我内在的紊乱。

还记得约翰·惠特默爵士在《高绩效教练》一书中说过：想想看，我们能为我们的孩子准备什么帮助他们将来在世界上生活呢？我们能做的太少了。那时的社会已经不是我们知道的样子，也许我们能做的，就是教会他们灵活性和适应性，以应付未来的情况。

看看自己，作为身经百战的老母亲，连自己都不知道根据个人精力状态去选择、去适应，反而要硬撑着做到所谓的“完美”，如何谈得上教会孩子应对今后世界更大的挑战与不可知呢？

**美好生活，并不是指一口气解决生活难题后的一劳永逸；过上美好生活本身，更像是一种不断调整自我，适应新变化，并不断解决新问题的马拉松过程。**

不仅生活如此，职场也是。我们是否问过自己：到底是什么样子，才算是“向往的职业发展”？是一帆风顺时的意气风发，踌躇满志，还是遇到发展瓶颈时的垂头丧气，怀疑人生甚至怀疑自己？几乎没有一个人的职业发展，是可以呈直线式走向成功巅峰的。

如果仔细翻看各种名人传记，我们会发现，不仅常人没有，就连被视为商业世界模范的任正非、马云、乔布斯、扎克伯格等成功典范也没有。因为职业不仅是属于个体的，也受到我们所处时代各种因素的影响。而作为个人，我们能控制的，只是很小的一部分。

事实上，所谓的“向往”，从来都是无限接近、无法完美的镜像，我们需要根据现实条件实时取舍变通。**与其固守“什么都想要、什么都做好”的念想，陷于平衡的苦恼与执着中，不如放弃类似最高、最快、最好的“最”字标准，张弛之间做出有限条件下的最佳价值选择，让自己融合于环境，灵活处之。**

让自己和周遭人与事和谐，就是应对变化最好的姿态，也是尊重并释放生命的弹性、韧性与活性的最好方式。

所以，如果能看清向往的本质，在过程中，我们就不会因一时的称心如意而欣喜若狂，也不会因为短暂的困扰而垂头丧气。看到生活与工作的弹性本质，我们才有可能允许自己有得意，有失意；有忙碌，也有清闲。这样不论何种际遇，我们都能接受；不论何种波澜，我们都能面对，从而不断接近向往的工作，并过上向往的生活。

人到中年，面对这个世界的挑战，越发觉得吃力，于是，我居然开始主动学习。可是，书读了不少，课听了不少，线上各种学习营也报了不少，但他山之石，并未能如愿攻玉。常困惑于自己的力不从心，不由扪心自问：为何别人如此优秀，如此自律，反观自己毫无建树？

一番折腾下来，发觉自己看似积极的背后，更多只是方法与技巧的习得，但并未探究“他山之石”背后支撑系统与资源运转的根本。断章取义的仓促与强求，没能实现真正的自我适配与融合，反而在知识的洪流中，生发出更多的疑惑，迷失了初心。

疫情期间，我参加了一个在线学习群，在群内一次关于“工作与生活平衡”的讨论中，大家提出了共同的困扰：工作与事业太投入，分配给家人的时间、精力就会变少，内心就会产生亏欠与愧疚；全身心陪伴家人的时间过多，又会对事业或者工作的完成度造成直接影响。总之，天秤的两头，永远都在斗争，拉扯着我们本就十分有限的时间与精力。

针对这个问题，群内有位伙伴分享了他的做法，大体是：

- 每周一、周三、周五的晚上学习、看书，每周二、周四的晚上陪孩子，周末基本1.5天全身心陪伴家人，余下的0.5天留给自己，并做下周工作与生活的总体安排。

- 若执行过程中有被干扰中断，就将相邻两周的安排，甚至月度的安排，按照上述方法重新均分。由此，个人在工作与生活参与时间的总投入量上，保持相对均衡与动态平衡的状态。

得到这个分享时，我如获珍宝。因为这种拉长时间轴的重新调配、再平衡的变通做法，从本质看，就是对时间弹性的一种掌控。通过拆解、自定义与二次分配时间，完美跳脱出我们通常在单个时间点上得与失的反复纠结，实现了对问题的降维打击。

处在上有老、下有小的人生阶段，作为中间层的职场中年人，发展斜杠、兴趣、爱好等自我价值的探索，往往是在工作和家庭生活之余，见缝插针进行的。我们不仅缺少时间，精力、体力等各项资源似乎都是不充分的。

所以，**在这个快速变化的时代，我们做任何选择时，主动为外界的**

**挑战预留出空间，就显得尤为重要。因为只有留白，才有时间与空间腾挪缓冲，寻找新的机会。**

所以，看待问题，要看问题赖以生存的生态系统；解决问题，更是要将系统内部组成元素进行弹性组合，才能释放出个体应对挑战的韧性，推动整体达成新的协同一致性，从而根本改善或解决问题，让改变真正发生。

这，也正是灵活变通的精髓所在。

面对这个要求自我进化的年代，美国著名演讲者和畅销书作家迈克·杜利认为：真正的智慧，不是对这个世界的深刻认知，并在其中发现了内在秩序、逻辑和精神性。

**真正的智慧，在于明了是我们的内在秩序、逻辑和精神性，创造了自己对这个世界的深刻认知，并能永远改变自己对这个世界的认知。**

所以，在这个充满变化、让人不安的时代，做生活的智者，我们就需要持续保持对这个世界的感知与敏感，并在变化中去适应、迭代自我，才能与时代保持同频进化，获得命运的掌控，过有选择权的生活。

时代的车轮，裹挟着我们身不由己地向前奔跑，在行色匆匆的赶路中，一副铠甲已经远远不够。我们还需要更多的“心灵铠甲”，去抵御这个世界的易变、不确定、复杂与模糊，其中一副“心灵铠甲”，就是灵活应变。

带着这副铠甲，我们更能看清世界与生活的本质，接受瞬息万变与从未停歇的新挑战。更为重要的是，我们不再拘泥于一定要做成什么样子，不用为达到某个具体要求，或实现不了某个特定愿望而暗自较劲。

**释放了生命弹性、韧性、活性的我们，将获得身体与心灵的轻盈，从而体验更高层次的生命状态。**

## 成长百宝箱

**五位置法：看待与认识世界的窗口**

五位置法，就是把自己分别放到自己、对方、旁观者、系统以及教练五个位置，去观察与思考。

在这五个位置里，有我们常挂在嘴边的“换位思考”。比如，换位成对方的视角、非利益相关方的第三者视角；此外，还有系统视角，即略带俯视意味的“上帝视角”，以及教练带有专业技术性观察的视角。

每位个体，本身就是多元角色的结合体。但在日常生活中，我们常常本能地将自己拘泥于某一个固定角色中，陷入困顿而毫不自知。所以，**五位置法提供了一个角色工具，帮助我们在看到日常的自己之外，还有以对方、旁观者、系统以及教练等“非自己”的四个角色，去看待与认识世界的窗口。**

对很多人而言，如果能站在对方的角度去思考，就已是相当难能可贵的换位，还要加上其他四个视角进行角色转换，怎么做到呢？

**使用五位置法，基本可以按照如下步骤：**

第一步，从自己出发，考虑我知道什么，不知道什么；想要什么，不要什么；喜欢什么，厌恶什么。认识自己是第一步，也是非常重要的一步，但这里，始终只是从“我”的角度出发，所以，看到的是一维的世界。

第二步，我们需要加上对方的位置，进入别人的角色。在这个位置上，我们可以同样问上面的问题：如果我是Ta，知道或不知道什么，想要或不想要什么，喜欢或厌恶什么。通过这样的发问，我们通常就会看到别人所见、所闻、所想的不同，甚至还会有意外的收获：原来有些东西是被我的自以为是所遮蔽了。这个从隐形到显性的过程，能帮助我们更完整地认识人或事物。残缺，带来的只有偏见，而完整，才有可能带来解决方案。

第三步，站在旁观者的角度，即如果作为第三方，怎么看待我、Ta以及我与Ta之间的互动。所谓当局者迷，旁观者清，就是这样的道理。这一步是在帮助我们从具体事件与关系中抽离出来，有利于带来新的启发。

第四步，还要站在系统的位置去看。所谓系统，就是由相互联系和相互制约的部分组成的整体。联系到具体问题上，可以理解为看到问题涉及的全部因素。整体高于局部，以全面的视角去观察与分析，我们的认识才有可能更具高度、更全面。

第五步，来到教练的角色。以教练的发问自问自答：通过上面四步的“逐层扫描”，与自己最初的认识相比，有了哪些新的发现？在新的发现中，对自己认识或处理当前的事件有何启发？

假设按照上述步骤操练一遍，我们会发现：**五位置法看似简单，但通过位置带来的角色转换，造成的价值感的感知变化，会影响人的认知与判断，并最终改变我们的行为与行为结果。**

UPGRADING MINDSET

第9章

# 提升品性，持续向前

作者：张冠波

不用怀疑，只要先付出，所有的事情到最后，一定会变成好事。如果还没有变好，那一定是还没有到最后！

——佚名

**【本章作者简介】**

张冠波，1985年生于福建，教练爱好者/创业者/投资者。

本着爱拼才会赢的信念，从打工到创业，侥幸掘到第一桶金。目前在私募金融领域发展。

33岁之前，身边很多人提供帮助、支持；33岁之后，学会了珍惜，爱护更多的人。

有一句话叫作“心法未开，技法无用”。我们总想通过技法，得到一些结果，却在不知不觉中就会掉进和对方“交易”的状态里面。既然是交易，就会有得失，而得失就会引来计较，关系就会不和谐，结果也就更出不来了。

打开心法的窍门，就是提升自身境界，提升自身爱的能力。

什么叫爱呢？

母亲给孩子煮饭吃，有的母亲会觉得又要煮饭了；有的母亲会觉得太好了，我是煮饭小能手，谢谢你吃我煮的饭菜。体验一下，两种心态的区别在哪呢？

不进则退，这个道理就算是一个小学生都看得懂。但“知道”是否又意味着能“做到”呢？在这个过程中，也许很多人忘了为什么要前进，兴许我就是那个明白为什么要不断向前的幸运儿吧。

2010年，25岁的夏天，独自离家出走后的我，因为怕输，因为输不起，那种对赢的深深渴望，已经深入我生活里的每一次呼吸中。直到我爱的人、我的事业、我的人生，全部一团糟，我终于看见，“我要赢”的信念，已经让身边的人付出了沉重的代价。

那个画面怎么形容呢？就像屠夫在一刀一刀地割着我最爱的人的血肉，甚至就割在对方的灵魂上，而那个该死的屠夫居然是我！

我吓傻了，愣住了，就像掉进冰冷的海水里，连半口气都换不上。复杂的情绪中，夹杂着后悔、愧疚、不知所措……随着眼泪滴在地上，崩不住的我终于哭了，哭的就像是一个无助的孩子。

我知道，我必须要调整“我”的“生活”，但也仅仅是“我知道”。所以，在往后一年半的时间里，生活并没有给我想要的结果。

我曾埋怨，为什么我都做成这样了，“生活”还是没有改善呢？事实上，我在埋怨的时候，不是改进为退了吗？与其埋怨，不如看看“我”还有什么地方可以做得更好？生活是果，“我”为因。

从聚焦于生活没改变，到聚焦于自己不断地调整，并且一直持续去做好我自己的时候，我才发现，“我们”的整个命运都在悄然地改变。

## 父子篇——从尊重与爱开始

我的初局是标准的“草根”，没有人脉和背景，再加上我在华侨大学学的专业是应用化学，在澳门地区几乎没有任何学历上的优势。

毕业等同于失业，对那时的我来说，绝对是真理。这份不安，让我意识到我必须赶在所有毕业生之前从厦门回澳门去找工作。

2008年，为了早日完成毕业设计，除睡觉外，我把自己泡在实验室里，用7倍的实验量去试错。最终，我提早了4个月回到澳门。

经过不断地投简历，不断地面试，除了没经验被拒绝以外，还有一种拒绝叫“我们只聘请高中生哦！”虽然有点哭笑不得，想想也十分正常，就算咱们想将就，人家也不会考量，毕竟这里面有商业考量，所以也只能无力地接受现状。

折腾了两个月，终于找到第一份工作——文员。印象中，我是大学同学里面最早找到工作的人。在我的想象里，父母一定会欣慰地对我说：“哇！多么懂事的孩子啊！”

但是，我想象中的夸奖并没有出现，反而给我带来新的困扰。用我爸的话说，作为一个大学毕业生，我就应该去考公务员，那是铁饭碗啊！不然就去当老师，至少是个长期饭票嘛！做个文员像什么话！

但是，我是这样子想的：公务员也不是说考就能考得到的，对吧？一入校门深似海，为人师表这件事咱们就别说了。

以至于发展到后面，我和我爸开始冷战。此时的我，面对前路渺茫的感觉，内心压根就没有平静过。而且我和老爸抬头不见低头见，我只能顶住和老爸之间的矛盾，压抑地生活。

现在回头看起来，我们不愧是父子俩，都是一个脾气。有任何事都是放在胸口，嘴巴不说，绷着脸，眼角也不瞅对方，觉得说了也枉然，因为说了对方也不懂！（其实如果跳出来看，会发现，我给对方什么，对方也还给我什么）

和父亲的这种相处方式导致我回到家里就算不开冷气，也会有嗖嗖的凉意袭来。说实在的，在这一段体验中，我的精神压力真心大。

从华侨大学毕业后的两年里，我换了两次工作，都是文员性质的工作，但我心里一直有个声音，打工这件事解决不了往后的生活需要。

当时，我在一家社会服务机构上班，工作时间是上班12小时，休息36小时，换句话说，我的时间和空间就腾出来了！

所以，我不断寻找机会，最后上天还是为我开了扇门。有一家房地产中介公司招聘我去做兼职入盘员。入盘员就是负责寻找房源的人，也相当于一个文员性质的工作。

我第一天兼职是2010年7月1日，也正是那天，不擅沟通的父子俩炸锅了。我爸怕我的身体吃不消，但只懂得用他的方式爆发，不断地压迫过来。

那时，我心里并不能看到我爸的出发点，能量很低，心里很委屈，想着：我已经有了一份工作，还要去找机会，稳中求胜，这不是努力上进吗？难道非得要我按照你的规划，来走自己的人生道路才对吗？

长期压抑让我从消极抵抗走向积极对抗，同年8月1日，我离开了那个家。当时我根本不敢租独立的单元房，对我来说实在太贵了！本来想分租一个1500澳门元的房间，但女朋友（现在的老婆）说：就租那个2000澳门元的独立包间吧，别把身体给熬坏了。我当时心里嘀咕着：原来一张绿色的500澳门元是这么沉甸甸啊。

记得入住包间后，我坐在床上，看了一眼银行账本，里面的数字是8037澳门元。

为了省钱，我甚至不敢吃22澳门元的套餐，只敢吃21澳门元的，曾经连续44天的中午吃同一个套餐。在我眼里，那是在当时的环境里，价钱和营养最适中的套餐了。

抱着与其租房不如供房的想法，同年年底，我瞄准机会首次置业，以极低的首付款供上了房。当时为了省钱，平常2000澳门元的游戏机都不舍得买，却大着胆子签名借了银行200万澳门元买房。

为了有更好的未来，我当时身兼3份工作。直到有一天早上，我6点起床，刷牙的时候鼻血滴在洗手池里，我瞬间清醒。原来怕到极点是不会怕，我很冷静。

我记得自己冷冷地笑了，这是冷到心里的笑，冷到心死的笑，内心无法停止地上演一出好莱坞史诗级的大悲剧。我心里不断出现的问题是：为什么会变成这样的局面呢？我一如既往地把矛头指向我的爸妈，内心无法原谅他们。

当天下班我就去看了医生，结果当然没事。到现在我还记得医生说："傻瓜，燥热就会流鼻血啊"！我又萌又傻地问医生："真的吗？"

现在想起来，都觉得这段和医生的对话是很有趣的画面。

因为这次深入灵魂的体验，我当天就辞掉了一份工作。

后面7年时间里，我和爸妈的关系一直很冷淡。

庆幸的是，经过这两年不断地学习，我开始打开心里的那把锁。

现在的我，特别能理解一句话：**所有过激的行为，都是爱的不恰当表达，背后都在传递爱。**

回头看，这个故事的两个主人公，一个是关心自己儿子健康和前途的老父亲，一个是想要证明自己的小儿子，明明可以是相爱的一家人，却又变成了相杀的局面。

那该怎么做呢？**破局的关键有两点：起点是我发自内心的尊重与爱；终点是对方真正接收到为止。**

试想，当矛盾出现时，我能否让自己先停下来，抱持着尊重与爱，直到让另一个人先感受到被尊重、被同理、被爱呢？

也许你会想：我都火冒三丈了，还要我做这些事？这就要看一下，到底想止步于此，还是更上一层楼？你到底想要创造怎样的结果？

假如我的情绪开关在别人的手上，那看起来，我成长空间的天花板也决定在别人的手上。假如我想达到下一个高度，那必须得有能力停下来，并且调整之后再向前。

再想想，当一个人真的感受到被尊重、被同理、被爱，他还会无限地上纲上线、与你对立吗？我不知道。

虽然我没办法保证对方的态度，但我知道我可以不往下掉。人生不正是靠这些成长一步步积累的吗？逆境是很有趣的，它就像品性与心智的照妖镜。

尊重和爱是一种化解矛盾的方法吗？不一定。这并不是一种方法论，但对我而言，答案只有一个：不进则退，做一个品性更优的人，不断提升自己对他人的关爱、尊重、支持，事情就很难演变成彼此的矛盾了。

具体怎么做呢？就是平时每时每事地练习，保持一份觉察，直到有一天，身上自然而然地散发着那份爱，格局自然打开，那就是一个新的境界了。

**爱是需要学习，也是需要练习的，也绝对值得我们去温柔地坚持。**

## 夫妻篇——我真的在爱她吗？

2018年，有一次和我的朋友Carol一起上课。在课堂上，她皱着眉头吐苦水，说她老公越来越不上进，公司也不怎么管理，家里也没怎么照料，基本上都是她在打理。她感觉很辛苦很累，希望请教老师怎么做。

当时，我可以感受到Carol在婚姻上卡住了。其实，那时我也有此种感受，所以这样的问题特别能吸引我的关注。

老师问Carol："你有多久没有夸你老公了？"

Carol愣了愣，说："怎么夸得下去呢？我根本找不到可以夸他的地方啊！"

老师再问："面对这个想法，你觉得你老公的能量是怎样的呢？"

我清楚地记得，Carol停了好一会儿说不出话来。

老师继续开口，说了一句："好男人是女人成就出来的。"

是啊，一天24小时，更多的是把时间用于成就身边人，还是用于挑剔身边人呢？

为了更好地夸奖人，老师还教了我们"拍马屁公式"：我看见/听见________________，我觉得你是______________的人。

最后，老师特意叮嘱Carol，回去好好夸老公，一天夸三次，只能多不能少！

当然，刚开始的时候，这样的夸奖会不流畅，但只要用多了就会顺畅。没过多久，我在Carol的朋友圈看见她的变化好大，变美、变瘦、变开心了。

于是，我给她留言：“Carol，我看见你的衣服颜色变得更鲜艳，笑容更多了，特别能感受到你的变化及喜悦，真的很替你开心！”

她给我回复说：“很感恩那一次学习带来的变化。”

那时我对家庭的运作又有了新的认识，也意识到自己好久没有夸老婆了！虽然“知道”，但是我没有真正“做到”。

有一次，在看一档电视节目的时候，我留意到一个有趣的对白。女生用很嗲的语气嘟着嘴对男生说：真的吗？为什么呢？好棒哦！每次听到这个对白，我都觉得编剧太无敌了！试问听到这种语气+对白，对面的男生会是怎样的体验呢？雄性本来就有一颗保护弱小的心，不是吗？

所以，那个时候的我，觉得女人应该懂事一点。如果我们夫妻双方出现争执，我还是会在老婆身上挑剔，却没有看到自己能做好的是什么，该做好的是什么。

2019年，我带着老婆和女儿一起去旅行，全程感受到的都是老婆的脾气、臭脸、皱眉。我当时的感觉就是煎熬，甚至有点怀疑人生，这样的相处有意义吗？

旅行回来后没多久，有朋友给我推荐了一个课程，说是中国大陆第一位认证的MCC大师级教练曹柏瑞来讲课。当时我只是抱着学习的态度，作为一个教练爱好者去感受一下。

课堂上，同学问的很多问题，我觉得我都会回答，所以更加以旁观者的心态听课，并没有很高的兴致。幸好老师功力很好，其中有三件事情对我影响很大。

第一件事情，世界上的事情只有三种，第一种叫老天爷的事，第二种叫别人的事，第三种叫我的事。老师说，谁的事还给谁就对了！有一种很笨的人，总是操心老天爷的事，管着别人的事，却没把自己的事做好。我觉得自己应该属于这句话所说的笨蛋。

用老师的话来说，下不下雨，地不地震，我担心干嘛呢？放下就对了！老婆怎么想，老婆怎么选，是我能控制的吗？放下就对了！我能做好的、能确保的只有自己！

首先要管好自己的小脑袋，是不断地挑剔老婆，还是正面地问自己：我还能做好的是什么呢？同一个当下，不同的选择，不同的结果，我是选择要求老婆成长，还是选择要求自己提升呢？

第二件事情，是有个女同学问老师：要不要叫老公也一起来学习？老师说：咱先向内转。在人与人的关系中，"谁难受，就谁先改变"。

说起来也是这样，我总是揪着老婆的种种不是，觉得她该多学学。但事实上，是我的宽度不够。都说改变自己是神，改变别人是神经病！回想起来，老婆也受了很多苦，总是被我这样的"神经病"挑剔着。

最重要的第三件事情，是一个女同学在说起婚姻卡点的时候，又把我的注意力吸引了过去。这个时候，老师问女同学："什么叫爱呢？"那时我心里真的没有答案，也许是看到我们一群人都说不出话来，老师和我们讲了一件事。

他说："假如用西式婚礼结婚的人，应该会知道过程里有一段誓约。内容大概是'某某某，你是否愿意娶谁谁谁作为你的妻子？是否愿意无论是顺境或逆境、富裕或贫穷、健康或疾病、快乐或忧愁，都将毫无保留地爱她，对她忠诚直到永远？'然后你回答：'我愿意。'是吧？"

这时，大家都点头，回答"是的。"老师又说："看吧，很多人都还没有去到如何的地步，就已经开始'无论'了。"

我还记得那一瞬间的感觉，"呰"的一下，整个脑袋是茫然的，心是空洞的，呼吸是不顺畅的：原来我的爱只是嘴巴说的比做的多，并没有践行那一份无论如何的爱啊！

我重新回头去看，当初我和老婆在一起的时候，想承诺她的是什么呢？是想她开心，与她共同生活一辈子，仅此而已！那为什么我现在对她诸多挑剔呢？想要她学这学那，想让她提升呢？其实无论她是否爱学习，只要她开心就好！她没变过，该提升的人是我啊！

我回家后重新检视：我爱我老婆吗？爱啊！我该怎么做呢？那就好好地爱她啊！

至于我老婆那种强硬的态度怎么化解呢？首先，从自己身上找原因。换位思考一下，她没离婚已经算贤妻了。用自省的角度重新去看，我得提升自己，好好抚慰她心里的不舒服与伤痕，毕竟自己挖的坑还得自己填回去。

事实也证明，所有的坑都需要时间填的。就算我再努力想改善这段关系，也会被老婆的脾气所伤，我的玻璃心经常碎一地。碎了也就算了，有时她还会再来几下，直接踩成粉，再一口气吹散于天地之间。

为了提高抗击打能力，我终于为自己发明了一句咒语：无论说啥，我都爱！这句话是很有魔力的！

那段日子并不容易过，难受得有点挑战人性。但我依旧不断向内转：我还能爱她的是什么呢？

事实上，不论什么事，从播种到收获都是需要时间和耕耘的，我把这种耕耘期称为“宇宙老大给的试用期”。

在一段婚姻里，期待就是一把双面刃，既会伤害对方，也会伤到自己。我开始学会无条件的爱，不带着期待。我无法要求老婆如何爱我，只能确保自己是爱她的。

当我不断投入后，不知道从何时开始，家里的气氛渐渐升温，我们的小日子过得越来越好，老婆的笑容也越来越多了！感恩，终于有“试用期”过了的感觉。

有人说：人与人的关系，基本上除了付出就是索取。也有人说：我只是没有付出而已，但并没有索取啊！事实真的是这样的吗？在一个家里面，如果一个人没有付出，那和索取的区别又有多大呢？

爱是无条件的。假如带着条件去爱，那和交易的区别是什么呢？从知道到做到，你真的在爱吗？

爱是可以学习的，也是需要练习的，只要一步一步地练，所有的坚持终将美好！

唯有抱着这颗无论如何都要提升品性、一路前行的心，还有什么困难是不能克服的呢？

## 事业篇——正心诚意，成人达己

这个标题有点像是换位思考，也有点利他的意思，多为别人着想，多在乎别人的感受。如果别人不赢，我们能独赢吗？赢了又会赢多久呢？

事实上，就如一位老师所说：当我们愿意为更多人负责，就会有更多人愿意支持我们成功。成人达己者，是最大付出者，也是最大收获者！

后来，我想了想，这难道不是社会的本质定律吗？又或者，有哪个领袖靠索取得人心、成事业的呢？

我的第一份兼职工作，就是从房产中介公司的入盘员开始的。入盘员就是负责寻找房源的人，时薪38澳门元，外加10%的成交提成，我就是被这个待遇条件吸引过去的。试试总比干坐着强，我必须为自己的事业找到一个突破口。

入盘员虽然是个文员，但公司缺人带着看物业时，就是我带客户去看。其实我在做的事情，和销售员只差签合约这一步了。直到后来，我发现老板把我每天的记录改成他自己的，所以我从来没收过那10%的成交提成！

虽然很生气，但翻桌子是不理智的事情，所以我默默请辞，来到另一家房地产中介公司，这次是做兼职销售员。

由于是兼职，公司给我的待遇条件也很低，只有成交提成的10%—20%，而一般公司的销售提成都在30%—50%。不过，那时普遍不请兼职销售员，所以虽然条件差一些，我还是二话不说就做了。

我很努力、很拼命，说一组数据就懂了：当时澳门地区一套普通的房子才160万澳门元，公司收到手的是1.6万澳门元，而我一个月可以做到10万澳门元！可想我有多拼！

但我实际收到手的钱却不足2万澳门元，所以很快我就去了一个朋友的公司兼职，因为他们的提成是50%。

看到这里，你觉得前两家公司现在还存在吗？存在的话，又会是什么样的规模？不存在的话，原因又会是什么？

假如你是公司老板，由你来设定游戏规则，会怎样做呢？这样选择的原因是什么？选择背后的本质又是什么呢？

……

后来我的选择是自己创业。我是2010年开始接触房地产的，2012年开始成立自己的公司。用了2年左右的时间，公司最高峰的时候有几十个人，每月账面收入有7位数，纯利实际是6位数，因为销售公司大部分的钱都会分给销售员。

在开公司前，我跟自己说，决不能苛待销售员。所以，我把成交提成设定在70%，尽可能把利益让给销售员。并且，我也是抱着诚诚恳恳、努力上进的态度去经营公司的。

发展到几十个人的时候，这个规模对澳门地区的房地产中介公司而言已经不小了，再加上投资房地产也有一点收获，无形中，我把自己摆高了，创业的过程中越来越忙。

没有合理的制度，一味地硬干，一人一个问题，几十个人那就是几十个问题，而且越忙越没耐心，表现得越来越毛躁，甚至都懒得用心去和小伙伴们沟通，有时候还会很气恼那些小伙伴们的所作所为：拼啊！不要浪费生命啊！照我说的老实干！弱肉强食，不拼就会变为废人！等等。

现在回头一看，这难道不是像一个传统的老父亲在逼孩子成长吗？都说厚德载物，假如德行不够厚实呢？即便拥有万物，最终又是否能承载呢？当时我们公司的员工流失率一直很高，我并没有检讨自己，而是认为自己只是找了不对的人。还有一个原因，我认为这也是行业的常态，地产行业就是这样，得再找找更长远的出路。

结果，当我将重心转移到其他项目的时候，公司员工的流失更严重了。在这期间，不但我在前文提起的两家房地产中介公司已经烟消云散，包括我自己的公司也不复存在了。

现在看起来，这是一件很值得庆幸的事！我在2018年到2019年投入了大量的时间和金钱去学习，看到很多失败的公司，各有各的“死因”，可以拿来借鉴避免重蹈覆辙。但是，除要避开那些作死的原因外，更重要的是要找到能够活下去的根本。

我始终提醒自己，每年必须抽出时间再学习，再精进！都说眼界决定境界，格局决定结局，我越是学习，越是接触到很多成功的大企业家，越会发现他们的谦卑。这些成功的企业家见到老师时，听课专心，笔记认真，作业准时，比学生还像学生。这些都是我身边活生生的榜样啊！

在学习的那么多东西中，接下来我只想分享一个点：正心诚意，成人达己，并且带着这份愿意成就他人的“爱”，行走于世间！

假如戴着“成人达己”的眼镜去看前面说的案例，这3家公司“死”在哪里，答案够清楚了吧？

到目前为止，我都是在做销售团队。下面我和大家探讨以下几个问题：

假如你作为老板，伙伴加入到团队中，他赚钱背后的目的及愿景是什么呢？需要什么样的支持呢？有什么样的禁忌呢？短期目标是什么呢？你和他的关系，到底是伙伴还是上下级关系呢？

上面这些问题，如果不是真正抱着成人达己的心态去做，只会成为无力的问答。

也许现在还是传统的老板与员工的关系，但是这样的公司还能走多远呢？能活过5年吗？假如可以，那下一个5年呢？

我们做事业有3种：一是买卖，二是生意，三是企业。区分并不在于大小，而是在于责任。正因为发心不一样，结果（大小）才会不一样。

买卖为客户负责，生意为客户和员工负责，企业为社会负责。**想要事业更成功，关键在于你愿意为多少人负责任，就会有多少人愿意支持你去成功。**

做事业，就是成就客户、成就伙伴、成就社会的一个过程。

有人可能会问：我只成就别人，公司还能不能活？在有这个想法时，不妨先问一下自己：如果靠刻薄客户和员工生存的公司，能走多远呢？如果我是员工，会愿意跟那么冰冷的公司一起走下去吗？

现如今，先进的模式和方法早已层出不穷，在不进则退的年代，当我们的才华撑不起自己的野心时，那就是时候弯腰学习了。

**事业是一个很大的板块，真正扭转事业的点，在于用爱的角度去利他，不断成就他人，最终收获的一定是自己。**

用爱的角度去利他，发心真的很重要。下面给大家分享一个小故事。

有一次，我们一群人去体验一日禅修。在禅堂吃午饭，叫过堂，师傅讲了一堆规矩。

我心想：吃饭也有这么多规矩？不就是安安静静地吃，平平静静地吃嘛？那天中午，我就好好吃饭，也感受到那份少有的平静和当下的喜乐。

吃完午饭，师傅从门外走进来。一边走，一边看大家的桌面是否按刚才说的要求摆放好餐具。

我听到他抑扬顿挫地“嗯”了一声，心说怎么了？再想想，反正“嗯”的不是我。

师傅走到房间的正中，和大家说了几句后，特别提到：“请大家看下自己的餐具，有人把纸巾和菜渣弄得比较乱。可是，有没有想过厨房的师姐是很辛苦的？”

我立马想：“幸好这事不是说我！”

而后，师傅语重心长地和大伙说了一句：“我们总说渡化世人，可是都没能真正把人装到心里，又谈何渡人呢？”

听完这句，我的脸立刻红了：为什么我会觉得别人不是说我就洋洋自得呢？

这次一日禅修的感触真的很深：**我们是把利他当作一个交易的工具，还是真正把“人”装到心里，真正由心去欣赏、去爱、去成就一个人呢？**

都说借事修人，可修的是谁？修的是什么呢？我到底是真正由里到外的合一，还是只是选择性地借利他来利己呢？

一个人到底是真心还是套路，这是藏不住的。既然事实这样，为何不直接以一颗真诚之心成就他人呢？

家里的老人常说：小财靠智，大财靠德，恒财靠善。真善的背后不就是那颗愿意爱世界的心吗？

正言得人缘，正行得人信，正念得人心。人心都给了，财富怎么可能会少呢？真正由心而发，一切才会圆满。

常怀利他之心，可以使我们有好人缘、有好资源、有好机遇！试问，谁能够挡得住一个带着爱意、真心成就他人的人的魅力呢？

比起才智和财力，真正能长久吸引人的，更多的是一份有厚度的品性，而品性的修行，靠的就是不断地自我要求，不断地精进。

如何去做呢？简单点的操作，就是口读、手写、用心悟。

我现在还保持着每天抄写一遍价值观的习惯：正心诚意、成人达己、知行合一、坚定精进。

我是一个尊重、支持、爱的人。

这在有些人看来，也许是一件很傻的事，但我知道，我有一些生意做到几十亿市值的朋友，也天天拿着笔在写在练，还发群打卡，互相支持，真正的高手都在不断地践行，践行那一份爱！

当你能早日带着觉察，不断真正地、发乎真心地爱、去成就他人的时候，世界也会全然地爱着你。

爱可以化解一切矛盾。在卡住的时候，只要向内求，不断问自己：我还能再做的是什么？有什么是我可以帮助他人的？结果一定会有不一样。

下面我诚意邀请大家拿出纸笔，给自己写一封信，信的内容围绕着我想要成为一个什么人？想要活成什么样子？并且对这两个问题深度思考：为了这些结果，我需要去布下什么善因？写下并持之以恒地去做。

不用怀疑，只要先付出，所有的事情到最后，一定会变成好事。如果还没有变好，那一定是还没有到最后。

有一样东西叫“宇宙老大的试用期”，既然如此，那就继续向前吧！

## 成长百宝箱

### “假如”问题：卸下心理防御的好工具

“假如”问题是一个强而有力的工具，几乎在所有的人、事、物前面，我们都可以加上“假如”两个字。带来的结果是，帮助我们打破思维中的一些封闭性节点，直接进入新的可能性的探索。

直接来点例子最直观。

1.假如今天你成为这家公司的员工/老板，对这个问题你最关心的地方都有哪些？

2.假如时间来到半年后，你真的实现了500万元的业绩，你觉得在这个过程中，你做了什么？

3.假如现在你生命中最重要的导师来了，他会给你什么样的意见？

4.假如你真的做了这个选择，你会得到和失去什么？

5.假如生活可以按照你的想法发展，你想要在孩子的心目中，成为一个怎样的父亲/母亲？

6.假如你的另一半知道这件事，你认为会是怎样一个画面？

“假如”问题提出来的时候，在心理上也会起到微妙的作用，毕竟只是假如，可以天马行空，可以更轻松。这也是创造教练空间的重要工具，是卸下心理防御的好工具。

如果有人反馈“没有假如”的情况，这也是好情况。在每一个反应的背后，都有其运作原理。我们可以问他：假如你愿意看看自己，透过这个回答，你看到了自己的什么？

此外，“假如”工具用在自己身上，也能起到很好的“跳框、探索、倒推、分解”的作用。比如，假如想实现这个效果，我应该关注哪些方面？假如我现在用上帝之眼看当下的自己，我会有什么新的发现？

UPGRADING MINDSET

第10章

# 从问题思维到目标思维

作者：夏美萍

我们不能用制造问题时的同一思维来解决问题。

——美国科学家、物理学家阿尔伯特·爱因斯坦

【本章作者简介】

夏美萍（Daisy），80后，生于江南，居于北京。北京师范大学心理学硕士，国家二级心理咨询师，个人和组织发展教练。

15年人力资源管理经验，曾供职于联想、空间技术研究院、西门子、雀巢及一家创业公司，目前在一家互联网公司任人力资源学习发展部负责人。

多年聚焦在人的成长和组织发展领域，对该领域充满激情且敬畏专业，正在持续学习和实践教练，走在知行合一、活出教练状态的路上。

希望能用生命影响生命，帮助个人活出内在富足；用专业启发创新，帮助组织获得成功。

记得刚毕业找工作的时候，面试官问我："你希望加入公司后做些什么？"那时还没有离开象牙塔的我带着浓浓的学生气，自信满满地说（现在看来傻得可爱）："我想学很多东西！"

面试官顿了下接着问："然后呢？"

这可把满脑子学生思维的我给问懵了，愣在那里，尴尬的沉默……

面试官笑了笑说："在学校里学习是最重要的事，但是在公司里解决问题、创造价值才是最重要的。"

那是我第一次知道，原来从学生到职场人要转变的第一个观念就是——用价值交换价值，而公司衡量一个人有没有价值，最主要的就是其解决问题的能力。

解决问题有那么难吗？初入职场时的我每天就像个救火队员，带着一腔热情，问题来一个对付一个，迅速搞定。这招为我树立了执行力强的良好职场形象。但是工作两年后，我从专员晋升到主管，逐渐发现这种问题解决策略不灵了。

首先，问题的复杂度越来越高。开始的时候只是要解决问题A，但是做着做着，就发现问题A后面还隐藏着问题B、C、D……到底该解决哪个？

其次，问题的利益相关方越来越多。貌似解决了问题，但让这个客户满意了，却得罪了另外一个客户。怎么让各方都满意？

此外，还经常出现"按倒葫芦起了瓢"的情况。这个问题解决了，却让另外一个问题更严重了。难道是问题搞错了？

更惨的是，活儿越干越多，但是客户并不买账，领导也不像以前那样满意，自己还满肚子委屈，忙得焦头烂额、累觉不爱。

**是不是我自身的成长没有跟上职位的晋升？痛往往最能让人成长。**这个时候，一直埋头苦干的我，终于抬头看路，开始琢磨：难道我解决问题的方式有什么bug吗？

职场中闷头干活是一大忌讳，而向他人学习，是快速提升综合能力的一个诀窍。我开始注意观察身边优秀的同事，那些做起事来总有四两拨千斤巧劲儿的人，那些很容易得到老板赏识的人，他们到底做对了什么呢？

经过多年的观察，我发现那些优秀的职场人都有这些特质，如能够透过问题看到背后的目标，能够系统全面地看问题，能够重视问题背后的人际关系，能够保有积极正向的态度。

**这些特质集合在一起，正是教练理念中提到的一个关键思维模式的转变——从问题思维到目标思维。**

什么是问题？如果用一个公式来表示的话，问题=目标-现状。缩小或消除目标和现状之间的差距就是解决问题。

什么是问题思维呢？问题思维是从当前存在的问题出发，聚焦现状分析，找出原因，针对原因找到切入口，确定解决办法，即“问题—原因—对策”。

这种思维方式在应对简单问题时是非常高效的，但是在面对复杂、多变、不确定性、模糊问题（VUCA）的时候，常常是无效的，其结果可能会是“头痛医头，脚痛医脚”，容易被一些不重要、不核心的问题牵着鼻子走，被动应对，不能根治问题。

比如，面对大城市交通拥堵的现状，如果只是拓宽道路，很可能造成道路越来越宽阔，车子也越来越多，拥堵现象不降反升。

只聚焦于当前问题的做法，也让我们很容易被现状的外表迷惑，在改变浅层问题上瞎折腾。

比如，对于一个上网成瘾的孩子，如果我们不去探索问题背后的亲子关系或家庭环境问题，即使我们把wifi关掉，把网络设备没收，现实告诉我们，大多数情况下，这样做的效果只是短期的，没有实质性的改观，而且极有可能在原本糟糕的亲子关系上雪上加霜，造成更恶劣的后果。

什么是目标思维呢？**目标思维是从当前存在的问题中跳出来，注重从目标出发，倒推问题，找到对策，即“目标—问题—对策”。**

根据问题=目标–现状这个等式，先制定目标才能更好地找准问题，让行动的方向更加明确，也增加了更多的主动性和创造性，同时有助于从未来目标中，确定当前问题解决的优先次序和资源分配，以及可能涉及的其他问题，跳出当下、暂时、浅层的问题，综合考虑全面的、长远的影响，进而达成最终目标。

我们总是喜欢谈“做什么”（What），而不习惯于退后一步思考“做了这些能实现什么目标”（Why），而目标思维恰恰能帮助我们想清楚这个答案。

## 用目标思维看清问题全貌，成功破局

孩子乱买东西曾经是困扰我好几年的一个棘手问题。女儿4岁前，奶粉、衣服、玩具等都是我一手包办，基本上也是本着“富养女儿”的心态，反正就一个孩子，不给她花给谁花呢？

但是随着孩子长大，能走能跑了，她也喜欢屁颠屁颠地跟着我一起去逛街。这儿看看，那儿摸摸，刚在这家看见一个芭比娃娃，说要买，转身到下一家又发现一个不一样的芭比娃娃，还是要买。

刚开始的时候，我们的态度基本上都是买买买。看到她得到心爱的礼物时那手舞足蹈的得意劲儿，我为自己能满足她的愿望感到欣慰和自豪。

但是，渐渐地，一些让我担忧的事情出现了……

首先，东西越买越多，女儿却越来越不快乐。女儿喜新厌旧的速度越来越快，快乐需要不断的新鲜刺激来维持，否则就很容易无聊、闷闷不乐。

另外，女儿的延迟满足能力让我担心。每次去商场，只要女儿看上的东西，我们只有立刻买的选择，没有不买的权利，否则她就用各种让我们尴尬和无奈的方式威胁。

这种想要的东西立马就要得到的任性，在心理学上叫不能延迟满足。适度的延迟满足不仅可以锻炼孩子的专注力、自控力、目标感，还能增强孩子的获得感和幸福感。

延迟满足能力还会泛化到其他方面。比如，女儿在购物上的不能延迟满足也体现在生活的其他方面，饿了一秒钟都不能等，找不到东西马上就会发飙。如果往长远了说，心理学的研究发现，那些沉迷各种上瘾行为（如网络、酒精等）的人，通常在儿童期没有培养适度的延迟满足能力。

怎么办？不能让问题恶化下去呀！一开始我的解决办法简单粗暴——直接拒绝。我对孩子的态度来了个180度大转变，从“买买买”到“不不不”。但屡试屡败，最终还是抵不过孩子哭闹，以我方投降收场。

后来，我又学了一招，制订花钱计划。但是由于操作复杂和预算无法科学制订，这招很快也执行不下去了。

硬的不行，那就来软的。我采用了一招“心理战术”。有阵子我处在换工作的间歇期，辞了上份工作但下份工作还没有着落。我就天天跟女儿念叨：看，妈妈现在没有工作了，挣不到钱了，咱们得省着点花，要不然房子就要被银行收走了，咱们就要流落街头了。

孩子当然知道我是夸张地吓唬她，但是看到我天天在家待着也没去上班，就意识到的确发生了什么，好像心里有所触动，渐渐不乱花钱了，有半年的时间，基本上没有买买买了。我心里得意地笑，嘿嘿，终于懂事了。

可是好景不长，按倒葫芦起了瓢……半年后，我发现女儿有了一丝不易觉察的变化：以前的她，想要什么东西会很爽快地说出来，现在则经常轻声自言自语地说："我好想要那个玩具呀，"然后又立马自己纠正自己说："算了算了，其实也没什么好的，还那么贵，我还是买个便宜的吧。"

凭我心理学的受教育背景和直觉，总觉得哪里有点不对劲。有一天女儿又自己默默嘀咕类似的话，我猛然意识到，女儿的脑子里有两个声音，一个声音是她自己的，特别想要那个玩具；另一个声音是妈妈的，太贵啦，妈妈挣钱不容易，那样做对不起妈妈。

这两个声音在打架，最后她给自己找了个合理的外在理由，"也许也没有那么好玩"，从而否定了自己的内心渴望。

这个觉察让我很难过，还有些自责。我以为女儿不乱花钱，问题就完全解决了，可是没想到会给孩子造成心理内疚，压抑和否定自己的需求。

"每一个特别懂事的孩子背后，都有被压抑的需求"，需求不一定都要被满足，但也不能被无情地忽略和否定。内疚是一种对心理健康破坏力很强的感受，基于内疚的顺从，也是不长久的。

后来，我和一位教练朋友聊起这事，她的一个问题点醒了我，"你希望女儿变成怎样的人？”

我脱口而出：“当然是希望她不乱买东西啊。”

“那她现在已经不乱买东西了啊”，朋友盯着我。

“可是，她变得不自信不快乐了，还总是自我否定”，我说。

“那你到底希望女儿变成怎样的人？”朋友问。

这可把我彻底问蒙圈了，刚才不是回答了吗，怎么又问？我很困惑地看着朋友。

“你说要解决的问题是让女儿不乱买东西了，而现在她已经不乱买东西了，但是听起来你并不满意这个结果。你的目标是什么？”朋友看我停顿好久，追问了一句。

“我的目标是什么？”是啊，我到底想要怎样的结果？这个问题还真卡住我了：如果我的目标不是不让孩子乱买东西，那是什么？让她随便买？那不又回到4岁前了吗？

朋友说，目标思维是聚焦未来的，可以尝试从未来看现在。比如，问自己一个问题：半年后，孩子变成理想中的样子，能描述一下那是一个怎样的状况吗？

这个思考角度解开了卡扣，让我豁然开朗。聊着聊着，我慢慢厘清了自己的目标：培养孩子合理的消费观，同时保有对美好事物的合理追求和珍惜。

朋友接着问：“从这个新目标再去看现在的问题，你会采取什么新的行动呢？”我说：“我不会在买不买东西这件事儿上纠结了，而是会去培养孩子的消费观，和孩子一起去提高对物品的鉴赏力。”

带着这样的新认知，我后来跟孩子一起学习了理财课，并且把学到的内容分享到喜马拉雅。孩子学到了资产、负债，主动收入、被动收入，为头脑投资等基本理财知识，对于钱的来去、怎么花、花在哪儿等有了初步了解。

购物的时候，我带着孩子货比三家，分析材质、价格、匹配度等，孩子领悟到了“适合的才是最好的”，不要从众，不要攀比。

更重要的是，在这些过程中，陪伴是高质量的，亲子互动是和谐快乐的，而这些是孩子更深层次和更在乎的需求。

为什么要从问题思维转换到目标思维？

当我们用问题思维去思考解决方案时，我们有个底层假设，那就是解决问题的答案在问题本身。有些时候，这的确有助于我们把问题的来龙去脉分析得透彻清晰，从而发现解决问题的线索和思路。

但是，有时候由于问题和解决方法不一定直接相关，这就很有可能让我们的思维限制在狭窄的空间，而看不到更宽广的系统。尤其是当要打破一件事的时候，我们一定要同时立起新的事，才能实现用新的模式取代旧的模式。

在立新的过程中，目标思维能让我们跳出问题，看到系统层面的问题，不急于解决当下的问题，而是立足于揭示问题的根源，从而在更宽广的层面找到新的突破口。

**准确地认识问题，是解决问题的前提。**美国管理哲学家亚伯·阿可夫说：“我们失败的原因，多半是因为尝试用正确的方法解决错误的问题。”

## 用目标思维找到正向动力，让生活照进光

2020年疫情期间，我担任了某心理咨询平台晚间心理倾诉热线的志愿者。

某天，一位20岁左右的小姑娘打来热线，说她偶然在网上看到一个帖子，在讨论要不要和一个抑郁症女孩谈恋爱。略加停顿后，她的情绪变得有些激动，提高了音量说：“我觉得这真的是要好好考虑的一件事情。如果不能面对抑郁症的那种痛苦，就不要开始，以免分手造成二次伤害！”

我说：“听起来，你很理解抑郁症的痛苦。”这句话打开了她的心扉。她开始袒露自己就是一名重度抑郁症患者，曾经自杀过一次，被救了过来。现在虽然病情有所好转，但是她仍然担心复发，觉得很有可能再次自杀。

是什么事情让她如此痛苦，以至于想要结束自己的生命？当我这样问了之后，她就从童年开始一直诉说到现在，谈到的都是不愉快的遭遇，给自己带来心理创伤的人和事，声音特别低沉无力，感觉她的能量就像在风中飘曳的烛火，随时都可能熄灭。

在短短的热线咨询中怎样给她的生活中带来一点光呢？我尝试将问题思维转换为目标思维。

问题思维让我们聚焦过去，一直陷在过去的困境中，似乎情况糟糕透顶，但是我们有没有想过，对于未来她是否仍有目标和期待？

于是，我问她，有什么是她最不能割舍的？她说，她放心不下的是和她相依为命的母亲。母亲一个人把她拉扯大，如果她离开了，母亲就失去了唯一的亲人。

谈到母亲的时候，她的声音渐渐有了力量。我又问她：如果好好活下去，希望和妈妈过一种怎样的生活呢？这是一个转向目标思维的关键问题。

她在我们一问一答的对话中，慢慢地将自己憧憬的生活描述得越来越清晰。但她犹豫的是，这样的生活不是主流的，可以被允许吗？

我没有回答可以还是不可以，因为无论是教练还是心理咨询，都不鼓励给对方直接的建议，因为她才是自己生活的主人。我只是问她："从身边或者网络上有没有见过那些过着不那么主流的生活，但是依然活得很有生命力的人？"

"当然有啊"，她的声音干脆又坚定。

我接着追问："如果要过上期望的生活，从明天开始可以做些什么呢？"她想了想，说了很多可以去尝试的方面。

谈话结束的时候，她的声音变响亮了，语速变快了，回答变坚定了。

虽然我知道，对于重度抑郁症患者，绝非这一次对话就能彻底改变些什么。但是，尝试将问题思维转变为目标思维后，对方的能量发生了从负往正的神奇转变，开始寻找自身的资源，对未来也有所憧憬，仿佛从充满泥泞和沼泽的绝境中，走到了一片富有生机的开阔地带。她不再沉溺于过去的绝望和痛苦，而是开始思考自己想要的未来是什么样子的，可以做些什么去实现自己期待的未来。

**一个人的思考方向会影响其思考内容，进而影响其对于解决问题的决策及效能。**还记得大学时的一次心理课上，老师问我们："如何驱散黑暗？"我们很快回答："引入光明啊！"老师说："这个道理是不是非常简单？但我们在处理现实问题的时候，往往并不是去寻找光明，而是企图用尽全力驱赶黑暗。"

当我们将思考的焦点放在问题上时，就好比在黑暗中扑腾，很容易陷入抱怨和无助的情绪里，并且默认问题是永恒不变的。

加拿大游吟诗人莱昂纳德·科恩在他的《颂歌》一曲中唱到：万物皆有裂痕，那是光进来的地方。

在中国的太极图中，黑中有白，白中有黑，增大白色后黑色自然减少。

东西方的道理如此相似，这道光就是目标思维。当我们把思考焦点放在未来的积极目标上时，就可以促使我们朝所期待的方向改变，认为问题只是暂时的，发展和改变才是永久的，将那些捆住我们手脚的过去放在一边，不去分析，不去纠结，不去怨恨，而是朝前看，去看看想要的未来是怎样的，为自己赋能。

## 用目标思维直击核心问题，超越客户期望

工作中我们既有外部客户，也有内部客户，从某种程度上说，领导也是我们的VIP客户。如何达成甚至超越客户的期望，而不是提什么方案都会被客户N次拍死，客户不但一点不买账，还可能会看低我们的价值呢？

**从问题思维转换到目标思维，从而发现客户深层次的需求，做出超越客户期望的解决方案。如果能持续做到这一点，将会为自己、为客户不断增值。**但是，这个道理听起来很简单，实践中却经常会被忽视。我就一而再再而三地掉过坑。

记得刚工作的时候，老板分给我一个活儿：为配合盖洛普Q12员工敬业度调查的宣传，要给管理人员设计一款人手一份的产品。但是，这款产品到底应该长啥样？是一本书，还是一件文化衫？老板没说，我也没有多问，赶紧埋头苦干起来。

我拉了一帮小伙伴，采访了大量优秀的管理人员，把他们在促进员工敬业度方面的优秀做法集结成册，做成了一本厚厚的书。

当我带着几分得意和期待认可的心情，把这个产品交到领导手里时，领导的眉头皱成了一个疙瘩。我的心上下打鼓。

“你认为有人会把这本书当成畅销书一样，走哪儿带到哪儿看吗？”领

导问。“应该不会”，我低着头没有回答，但是心里很清楚。

回去重新做吧，但是方向在哪里啊？我找到一位资深同事，她当时指导我的方法，现在回忆起来，其实就是从问题思维到目标思维的转化。

同事：“做这个产品的目标是什么？”

“宣传Q12啊”，我满怀信心地回答，心里还想，她为何明知故问。

同事：“给谁宣传？”

我：“管理人员。”

同事：“想要达到怎样的宣传效果？”她看着我的眼睛。

我：“呃……全面了解Q12。”我有点怯怯。

同事：“他们有那么多时间去研究这个吗？”

我：“哦，不对不对，应该是让他们知道依据Q12的理念，在促进员工敬业上，自己该干什么，不该干什么”，我有了点信心。

同事：“那为了达成这个目标，同时考虑管理人员的时间压力，可以怎么做呢？”

我当时并没有立刻得到答案。但是带着对这个目标的理解，经过多轮打磨，我们将访谈中的精华浓缩成简短的几行“行动建议（Tips）”和“避免错误（Traps）”，最终制作成了一个台历，刚好12个问题12个月，非常简洁实用，最终也非常受管理人员的欢迎。

有意思的是，在工作十几年后，我依然会掉进类似的坑里。

有一次一位副总裁找到我，要求给他们部门订立一个开会规范并培训全员。

拿到这个看似很明确的需求后，我立马行动起来，很快草拟了一个开会规范。按照副总裁的要求，分成会议前怎么做，会议中怎么做，会议后怎么做，其实就是一个高效会议指南。

做完后我发现，这些会议规范各家通用，没有什么新意啊。后来我还了解到，这位副总裁是个特别喜欢分享知识的人，从他上任的第一天起，几乎每个月都要给团队发一篇职业技能或管理技能的文章，其中就有会议管理方面的。

我仔细阅读了他发的那篇文章，发现内容已经很全面了，而且更容易操作。

这下我的问题来了：客户真的只是需要一个关于会议规范的培训吗？

问完自己后，我一拍脑袋，骂了自己一句，怎么干了这么多年人力，还像初出茅庐时那么傻呀？客户给什么问题就解决什么问题，那注定是不会被客户满意的。因为客户除了说出来的明显需求，还会有隐藏的、潜在的、更深层次的需求，满足了这些需求，才能达到或超越客户期望。

怎么知道这些需求呢？得多问为什么，要从目标思维去思考，才能挖掘出来。

我找到副总裁的直接下属，带着好奇问他们："既然早就给团队发过会议规范了，为什么还需要培训呢？大家是真的不知道怎么开会吗？缺的只是会议管理的知识和技能吗？"对方陷入了沉思。

我没有就此打破砂锅问到底，而是问了一个向目标思维转换的问题："能描述一下，假如现在团队在会议管理上做得很好了，那开会的时候会是怎样的一幅画面？"

对方思索了好久后回答说："其实我们有不同的会议，如跨部门的项目会议，部门内部的会议，还有一对一的会议。不同的会议要求应该不太相同，如跨部门会议对组织的规范性要求高，而部门内部或者临时性会议，要求可以灵活些，没有必要有那么多的条条框框。如果大家都按照完全一样的方式去组织会议，也未必很好。"

"如果是这样的话，我们想要达到的目标是什么呢？"我问。

“其实，目前状况也没有那么糟糕。我觉得在部门管理层层面对各类会议的大概行为要求要有个统一的认识，这样如果员工出现不一致的行为，上级就可以指出，反馈几次之后就规范了。现在的问题可能是我们管理层之间也没有达成一致。”他的语气坚定而有力。

“那我们回头管理层开个会，碰下吧。”他主动提出了自己的解决方案。

从问题思维转换到目标思维，要多问几个“为什么”的“傻”问题，帮助客户澄清那些隐藏的深层次的问题和需求，直击核心问题。

**永远不要只做客户要求的，而是要挖掘客户的深层目标。**

## 如何做到从问题思维到目标思维的转变？

如果知道去哪儿，全世界都会为你让路。

无论是面对生活中的种种挑战，还是面对职场中的各类客户和难题，有效解决问题的能力，都能将我们从平庸变成优秀。

但是，在问题思维的引导下，我们往往被问题本身所困住，“不识庐山真面目，只缘身在此山中。”我们的思维和视野变得局限、短视、片面、表面，我们的情绪也因此变得负面消极，这样带来的行为及其结果往往也不尽如人意。

**当我们转向目标思维，跳出问题解决问题的时候，往往会有一种“柳暗花明又一村”的感觉，从而以更系统、更积极、更深层的角度有效解决问题。**

如何做到从问题思维到目标思维的转变呢？以下一些操作步骤供参考。

**第一步：**以终为始。当某个问题出现的时候，我们先不要急于分析现状，风风火火地采取行动，而是冷静地去思考目标。不仅要思考眼前的小目标，更要考虑系统的、深层的、长远的目标，采取“目标—问题—办法”的倒推思维。

**第二步：**当思考目标的时候，为了不受现有问题的局限，我们可以从以下四个角度去思考。

（1）意义/价值观角度。比如，解决了这个问题对我/客户来说意味着什么？我/客户能因此获得什么？实现目标后的我/客户变成了怎样的人？

（2）未来时间轴角度。比如，再过半年，我怎么看待这个问题？如果5年后的我来看现在的我，他会有什么建议？

（3）第三者角度。比如，这个问题如果解决了，对客户的意义是什么？如果我的老板遇到了这个问题，他会怎么做？

（4）系统角度。比如，这个问题受哪些因素影响？解决了这些问题，会给哪些人带来哪些影响？

**第三步：**走过了前两步，在目标较为明晰的情况下，我们需要和利益相关方，如我们的孩子、我们的客户等去充分沟通，对目标达成一致。

在执行的过程中，也许还会有反复，我们依然可以按照上述步骤重新审视目标，不断循环往复，将问题的解决带到一个新的高度。

## 成长百宝箱

### GROW模型：通过有力发问，创建觉察和责任感

经典教练工具GROW模型，是四个英文单词的首字母缩写，即Goal（目标），Reality（现状分析），Options（可供选择的策略或行动方案），W（该做什么—What，何时—When，谁做—Who，意愿—Will）。

看这四个字母的顺序，我们会发现它将目标放在了第一位，这有别于通俗的“问题—原因—对策”的问题思维模式，而是“目标—问题—对策”的目标思维模式。

但是，仅仅按照这四个字母的顺序来操作，就能高效解决问题了

吗？并不能！这是刚开始用GROW模型的人经常掉的坑。

举个例子。一个自认为GROW模型运用得很好的老板对下属说，我们的目标（Goal）是每个月增加10个新客户，但现状（Reality）是每个月才只找来了两三个新客户，这差距太大了，要提升的空间很大啊！我觉得咱们可以这样去做（Options），先去行业媒体上发广告，再去从现有客户身上挖掘机会，还可以……怎么样，可以做的事情很多吧，那从明天就开干吧（W）！

这位管理者只是按照GROW模型的字面意义来做，没有启发下属自己思考，也没有让下属产生主人翁的责任感，即使员工表面上点头答应，但很有可能不明白。因此，落地执行时会打折扣或出现偏差，甚至出现阳奉阴违的行为，绩效结果可想而知。

**GROW模型的运用如果要摆脱这种肤浅和机械，一个关键的要领是通过有力发问，来帮助自己或对方创建觉察和责任感。**

**表10–1　GROW模型运用示例**

| 阶段 | 问题类型 | 问题举例 |
|---|---|---|
| Goal | ·未来导向问题<br>·正向问题<br>·探寻意义问题 | ×【过去导向问题】说说这个月的工作中有哪些不足和问题吧？<br>√【未来导向问题】为了达成目标，接下来一个月会采取哪些不同措施？<br><br>×【负向问题】别再磨磨蹭蹭地写作业了，行吗？<br>√【正向问题】想要怎样高效地完成作业？<br><br>√【探寻意义问题】出国留学对你来说意味着什么？你想从出国留学中获得什么？假如几年后你已经获得了这些，是什么感受？你成了怎样的人？ |

续表

| 阶段 | 问题类型 | 问题举例 |
| --- | --- | --- |
| Reality | ·开放式问题<br>·把“为什么”改为“是什么/是哪些”问题 | ×【封闭式问题】是因为跨部门沟通导致了项目延迟吗？<br>√【开放式问题】哪些因素导致了项目延迟？<br><br>×【为什么问题】为什么要这么做呢？<br>√【是什么问题】是哪些因素让你决定这么做的？ |
| Options | 假如性问题 | √【假如性问题】如果有足够的预算你会如何？<br>√【假如性问题】假如现在出现了一个奇迹，问题解决了，那是发生了什么？ |
| What/When/Who/Will | 度量尺问题 | √【度量尺问题】完成这些行动后，你的目标达成了几分（1—10分，10分为完全达成）？<br>√【度量尺问题】你有几分确定自己会执行这些行动方案（1—10分，10分为完全确定）？<br>√【度量尺问题】是什么阻碍了你打10分（如果分数低于10分）？ |

UPGRADING MINDSET

第11章

# 系统思维——化腐朽为神奇

作者：刘茵

“整体化腐朽为神奇，局部化神奇为腐朽。这是整体与局部之间一个永恒的循环。”

——张方宇《单独中的洞见2》

**【本章作者简介】**

刘茵，70后，出生在鄱阳湖边的江西县城，工作生活在长江口大都市上海。到哪里总也离不开有水之地，水也成为生命中重要的词汇。信条之一：上善若水，水利万物而不争。

职业生涯前半段和数据营销分析打交道14年，40岁门槛上转型，从关注事情到关注人。

现为ICF国际教练联盟认证的PCC，咨询公司创始人，运营微信公号“荔枝派”，致力用教练支持人的心智力发展，支持人们找到自己内心勇敢的力量。喜好码字、读书、做教练。

向前看后浪汹涌，向后看生命不止，还要继续乘风破浪。

歌手王菲在《人间》这首歌曲中，有一句歌词：天大地大，世界比想象中朦胧。大部分时候，我们的生活就像这片朦胧。

比如，2020年的疫情，不确定性像浓雾一般，笼罩在我们所有人周围，生活方式大大改观：测体温，戴口罩，分餐制吃饭，社交距离加大等，同样的剧情在不同的地方上演。

看似分割的世界，又矛盾地彼此脱不开连接，牵一发而动全身。当今的世界让我们看不懂。

## 什么是世界的内在真相？

水滴看不到海洋，独木也看不见森林。盲人摸象的故事已经告诉我们一个简单却经常被忽略的事实：只了解系统的各个构成部分，是无法认识整体世界的。一旦我们看清部分与系统整体的关系，了解系统内在如何运作，将有助于我们看到多种解决问题的可能性。

就像当代诗人卞之琳在《断章》中写道："你站在桥上看风景，看风景的人在楼上看你。明月装饰了你的窗子，你装饰了别人的梦。"

所有元素构成了一个系统。不同的是，桥下穿行的船只、流淌的河水是一个层级；桥上的行人、车马、桥本身是另一个层级；楼上看风景的人以及楼本身又是另外一个层级。

我们的意识站在哪个层级，视角就在哪个层级。如果能站在一个更高的、系统总览的位置，就有可能拥有更大、更广的视角，也会扩大我们解决问题的可能性。

**什么是系统思维？**

**首先，系统是一个整体，整体大于要素之和。利用整体的力量胜过一个人单打独斗。**

比如，自行车由几百个小小的机械零件组成，但组成之后的自行车完全是另外一个世界。亚里士多德说的“整体大于部分之和”就是这个意思。

系统思维首先是整体思维。就像我们作为一个个体，是大海中的一道波浪，会看见千千万万和我们一样的波浪。我们和他们是同一体，一起组成了更宽广浩瀚的海洋。

如果我们只用割裂的视角，只看自己的小小世界，只会看到一朵朵小浪花。

但是，如果我们能在恣意享受自己这道小波浪的时候，也留意享受更宽广的海洋，我们就会看到一个更大的整体。

**其次，系统思维意味着系统内的要素是相互连接的，不同的关系形成了不同的系统效果。**

**改变关系会重塑系统。**改变部分之间的关系，也就重新定义了系统。

英国诗人约翰·多恩在诗歌《没有谁是一座孤岛》中说：

> 没有谁是一座孤岛，
> 在大海里独踞；
> 每个人都像一块小小的泥土，
> 连接成整个陆地。
> 如果有一块泥土被海水冲刷，
> 欧洲就会失去一角，

这如同一座山岬，
也如同一座庄园，
无论是你的还是你朋友的。
无论谁死了，
都是我的一部分在死去，
因为我包含在人类这个概念里。
因此，不要问丧钟为谁而鸣，
丧钟为你而鸣。

任何事物都不能独立存在，我们的世界从来都不是一个个孤岛，我们本来就是联系在一起的系统。

关系决定了我们如何联结成为一片大陆，也决定了整体的地图长什么样子。每一种关系都可以创造出新的地图。

**最后，系统是分层级的，系统思维需要在不同层级上看问题。**

一个大的系统包含很多子系统，一些子系统又可以分解成为更多更小的子系统。

比如，细胞是某个器官的子系统，器官又是身体这一个有机系统的子系统，我们自身又是一个家庭、一支球队或一个组织的子系统，而家庭、球队或组织又是一个城镇、城市和国家的子系统。

这种包含关系就是层级的体现。系统思维要求在不同层级上去看问题。

## 为什么系统思维这么重要？

**单打独斗不如找到更大的系统，获得力量支持。**

很多古人流传下来的谚语，就蕴含了这样的智慧：多个蜘蛛网合在一起，足以困住一头猛狮；一木难成林，三木就成森，一人难成从，三人就成众；我为人人，人人为我。

系统思维可以支持我们获得力量，获得成功，也获得幸福。

比如，足球队就是一个典型的系统，包括球员、教练、俱乐部的所有支持工作人员，这样一群认知、需求、态度、动机、背景、专长和期望不同的人，他们在一起创造了一种游戏、一种风靡世界的娱乐、一种影响世界的文化。

仅靠明星球员单打独斗，从来不能取得长久的胜利。

正如德国现实主义作家亨利·特奥多尔·冯塔纳在其晚年名著《艾菲·布里斯特》中所说："一个人生活在社会上，不仅是单独的个人，他是属于一个整体的。我们得时时顾及这个整体的利益，根本不可能离开它而独立存在。如果一个人可以离群索居，单独生活……真正的幸福将要成为泡影。"

现实中，我们会记得自己总有一个更大的系统吗？我们是习惯单打独斗，还是愿意与别人合作？我们常常以自我为中心，还是能付出、乐于去分享？

**无论我们怎样以为，世界的真相都是，我们从来都不是分割开的独立存在。**我们每个人是一个小的生命系统，我们与环境中的其他人会组成一个更大系统，而整体系统的力量永远大于个体。

一群大雁要飞到南方暖和的地方过冬，整齐的队伍像写在天上的"人"字。

有一天，一只年轻的大雁突然离开队伍，自己飞走。它一边飞一边想："我为什么一定要排着队呢？多不自由呀！"它飞呀、飞呀。渐渐地，它感到吃力，身体也越来越重。这时，它才后悔不该离开集体。正在这时，一只年长的大雁飞来接它。年轻的大雁奇怪地问："为什么我离开队伍后，就飞不动了呢？"

年长的大雁和蔼地告诉它："大家排队飞行，把周围的空气扇动起一股向上和向前的气流，借着这股气流，每只大雁飞起来就能够省点力。离开队伍，没法利用气流帮忙，所以很快就累了。"年轻的大雁终于明白了。于是，它紧紧地跟在年长的大雁后面，去追赶队伍。

任何时候，一个人都存在和同事、家人、朋友、亲人等利益相关者以及小团体之间的关系。当我们需要帮助的时候，记得向更大的"大雁群"呼喊，寻求帮助，以获得力量。

2013年，当时的我在一家跨国咨询公司登上一个新的职业高峰，成为一个事业部的领导者。

没料到两年后，在巨大的盈利压力和看不到职业前景的双重打击下，我被迫带着满满的挫折感离开团队。

当时心怀愤懑，觉得自己被排挤，没有机会施展抱负，前景黯淡无光。

那时的我刚刚过完39岁生日。在看似开心的生日会上，吹灭生日蜡烛的时候，我内心波澜起伏：人生后半场，我的路要怎么走？我的优势难道离开公司就无法发挥了？我要如何找到新的人生方向？

记得那天大雨刚过，窗外城市霓虹的红红绿绿，透过流着雨水水滴的玻璃看出去，外面的世界和我的心境一样，模糊不清。

临近四十，人生突然失去前进的方向，我顿时感到自己孤立无援。

谁是我可以寻求帮助的人？哪里有我更大的支持系统？我尝试先向和我一样离开原公司的前同事们求救。

有一位长期做企业培训的前同事对我说："教练可以支持个人成长和职业转型，我觉得在这个阶段挺合适的，要不要考虑学习一下？"于是，我尝试去学习。

果不其然，我的收获很大，并且在学习教练的过程中，逐渐发现这是可以成为自己专业的一个领域。

在之后的教练学习过程中，系统思维又再次让我获得力量。

要想成为一名专业教练，必须要拿下国际教练联盟组织（ICF）的专业认证资格。但是，课堂学习是一回事，专业考试又是另外一回事。

因为它不仅需要学完理论知识，完成线上国外辅导老师的实时教练对话辅导，要参加全英文的线上知识考试，还需要完成至少500个小时的1 ：1教练对话时间。更厉害的是，其中90%的时间还必须是作为商业服务收费的。

这个感觉就像是新手参加驾照考试一样。首先这个新手要通过死记硬背拿下书面考试，接着要完成倒车、侧方停车、半坡起步、曲线行驶等操作技能，考试通过后，教练告诉他：现在必须要自己到外面马路上把车开起来，而且要没有任何事故地开够500个小时。

不仅如此，作为新手心慌慌地上路还不够，还要像滴滴司机那样安全地运送客户，而且要求是必须收费的，就像专业的心理医生、咨询师、律师等那样。经历过所有这些环节后，才能最终拿到专业认证的教练证书。

像我这样战战兢兢、手忙脚乱、自顾不暇的初阶教练入门者，还要堂而皇之地收费，正式挂牌做教练，这对于当时的我来说，真的是“臣妾做不到，真心做不到啊”。

谁有更高的视角能帮助我？谁是可以寻求帮助的系统呢？

最终，我鼓足勇气，向一位我非常尊重的加拿大大师级别（MCC）的教练乔安·哈里斯发出求助。当时我也不确定她是否会回应我，但还是直接向她袒露了我的忧虑。

我问她：“乔安老师，您已经是大师级教练，已经积累了2500个小时的时间。我现在也想成为一名专业教练，但感觉很难！”

老师沉默了一会儿，说：“我花了13年发现一个秘密，就是找到一群人和他们一起形成一个团体。中国不是有一句古话，一个人走得快，一群人可以走得远，目标终将达成吗？”

对啊！**“独行者疾，众行者远”，这句老话像闪电一样点亮了我。没有人帮助自己，我们就找一群人来互相帮助。**

很快，我就在那个辅导课堂上，找到和我一样有目标却困惑不知道该怎么做的小伙伴。

我遇到了博士丁组长、外企CFO（首席财务官）凯西、IT技术男孟学霸、美女资深HR（人力资源主管）珍珠、领导力专家大熊、银行培训高级经理小婷。

单个人都有忧虑，但7个人合在一起就成为一个系统，我们都感觉到了系统的力量。一锅热气腾腾、3年之内共同拿下PCC专业教练的汤就这样开始熬起来了。

成为PCC专业教练的目标，把我们7个人聚成了一个系统。每个周六夜晚，我们轮番分享、交流、做模拟练习、提供有针对性的反馈。就像是鲜美的汤中的不同食材，在沸水的翻腾作用下，产生出神奇的化学反应。

丁组长儒雅大气，组织能力超强，凯西热情开朗，孟学霸知识储备丰厚，珍珠反馈认真犀利，大熊总能给人更深的思考，小婷每次的笔记和总结让人叹为观止。

思想上的碰撞就像文火，让我们这些食材在沸腾的锅里翻滚，滋味丰富，能量满满。在这样一个系统中，我们都感受到彼此支持的力量，都感受到整体成长的力量。

3年之后，我们这一群当年的教练小白真的如愿以偿，一锅熬了3年的老汤出锅，7个人齐刷刷地拿到PCC专业教练证书。

在这个过程中，没有人掉队，没有人放弃，我们一起成为中国前200名的PCC认证专业教练。

**所以，当我们找到更大系统的时候，变化自然而然发生。**

诗经中有一段《诗经·周南·樛木》，用来形容这段旅程最恰当不过：

南有樛木，葛藟累之。乐只君子，福履绥之。

南有樛木，葛藟荒之。乐只君子，福履将之。

南有樛木，葛藟萦之。乐只君子，福履成之。

翻译成白话文，这首诗表达的意思是：在南方茂密的森林中，很多树木已经生长很多年。这里有一种树叫樛木，长得异常高大粗壮，上面的一些树枝因为树叶太多、枝丫太长而低垂，有的甚至已经挨到地面。

而一种开紫红色花朵、被称为葛藟的植物，顺着低垂的树枝向上攀延缠绕，生长得异常茂密。在一些树上，这种葛藟甚至已经覆盖樛木，满树都是紫红色的花朵。

诗中的樛木和葛藟互相帮助，互相成就。樛木提供了发展空间和强大的依靠，可以让葛藟尽情生长；而同样，葛藟用自身的花朵来回馈装点有些单调的樛木。

想一想，谁会是我们人生系统中的一员？假如我们有一家公司叫Life.com（人生公司），谁会是这家人生公司的董事会成员？当我们遇到困难的时候，谁会是助力者？谁会在失败的时候安慰我们？谁会在过程中支持我们？谁会带给我们不同的视角，甚至也许是我们的直友、损友或诤友？谁又会是我们成功的受益者（家人、老板、公司、员工）？谁会为我们的成功喝彩，与我们一起庆祝？

**找到他们，向他们发出邀请，和他们产生交集，找到更大的系统，找到获取力量的关键钥匙。**

## 重新定义系统内部的关系，可以发现新视角

为什么要有系统思维？系统思维可以重新定义系统内部的关系，可以发现新视角。而新的视角，会决定新的解决方案。

爱因斯坦曾说过一句话："如果认为世界是个友善的地方，我们就会花时间去搭建桥梁。否则，人们会穷尽一生修筑高墙，这取决于我们自己。"

这让我想起了我和儿子之间发生的一件趣事。

在他上小学二年级的时候，儿子曾经好奇地问我："妈妈，为什么1+1=2呢？"

他举起左手的一根手指头，再举起右手的一根手指头，并在一起，说："1+1不是等于11吗？"

是啊？！难道不是吗？为什么一定是2？可以是11，也可以是王，孩子还没有固定思维，他觉得重新定义各种1+1的方式很有趣。

我听到他这样说，也觉得很有意思。当我们重新定义关系后，结果就完全不一样。

孩子不一样的视角，让我意识到，以为你认定1+1=2，那么，就会认为结果一定是2。就像我们常说，如果你是一个锤子，就会觉得世界到处都是钉子。

如果跳出固定思维，从系统思维重新来看，那个"+"更加重要。**不同的"加法"，会产生不同的结果。不同的关系联结，就会产生不同的系统整体。**

还是讲一个我儿子小时候的故事，用新的视角来重新定义关系后，我们一家人获得了更好的人际关系。

儿子在1岁的时候开始学走路。看着他快乐地满屋子蹒跚学步，时而吧唧一下直接坐在地上，时而四处乱撞，时而狗啃泥巴式地摔跟头。

我这个妈其实内心充满担心和顾虑。

我想让儿子学走路，但要让他安全地学习走路。这是我作为妈妈的一个目标。为此，我做了各种防御措施。

我买了各种地垫盖在地砖上，在所有有锐利边缘的家具角上都安装防撞角，挪走所有带尖儿的东西。不夸张地说，如果那个时候有婴儿号码的头盔，我可能都会给他买上一个。

我给他穿上有胶皮防滑底的小鞋，以增加鞋子与地面之间的摩擦，还买了各种辅助他走路的牵引绳子。

为了让他能够随意爬走在各个房间，我对地面干净的要求，简直到了洁癖的程度。一想到拖鞋上的那些黑色点点，会成为孩子爬行过程中手脚和嘴巴的直接接触物，我恨不得家里有一个神奇的拖把，能够在孩子爬行的路途上全部一遍遍擦拭。

我的老公恰恰相反。他会在儿子爬行的地方各种玩，放上盒子、箱子、板凳等，然后手背在背后，兴趣盎然地观察着孩子。

如果儿子摔倒了，他也不担忧；看到儿子绕过障碍，征服一个又一个新的挑战，他就会眉飞色舞，兴奋异常。

但是，看着我买来的那些家伙，他就开心不起来。他非常不屑于我买入的各种辅助设施和安全工具，嘲笑我这种随时会伸出双手扶稳孩子的小心翼翼的样子。

随着我们看问题的视角不同，矛盾越来越激烈。

当我说“老公，为什么你总是不能按照我的方式来训练孩子走路？”的时候，他就像是一个被激怒的刺猬，一下子炸开了浑身的刺，对我大声地说：“那你为什么不能按照我的方式来做呢？”

我经常感觉到如果我们两个人是那个1的话，我们之间的加号正在摇摇欲坠。

在一次次沟通无果之后，我开始自我反思。我们的思维是非此即彼的，英文称为“Either……Or……”，中文就是“不是你对，就是我对”。1和1在一起的时候，只能选择你的“1”，或者是我的“1”。

**而系统思维的视角是“Yes……and……”，是两者在一起会更好。**

我们共同的目标是相同的，但用“不是你对，就是我对”的思维理解这个目标，落实的方式自然不能协调一致。

怎样才能重新定义我们看问题的视角，以获得一致性？

我们夫妻俩就像两个非常口渴的人，喝同一口井水时，总觉得自己的杯子是金杯，别人的是泥杯；觉得自己的金杯富贵，认为对方的泥杯贫贱；就这样陷入无谓的烦恼中。

我们都忘了，其实大家需要的都是“水”，而不用太在意用的是什么“盛水的杯”。

于是，我逐渐意识到作为一个系统，其实我们支持孩子成长的目标是一致的，只是方式和方法不同。我们忘记了需要的是水，至于用什么杯子盛水都是OK的。

再换个视角考虑一下，为什么不用“是的……而且……”的思路，来欣赏老公思路的积极一面，然后思考将两种思路结合会有什么不同？这样既保证安全，又可以让孩子跌倒后自己爬起来，让他收获更多的勇气和探索的乐趣。

想清楚这些，我对老公说：“你是对的，你的想法真的很好。看看宝宝自己走得多开心啊！我们俩的目标是一致的，如果加上一些保护措施，是不是会更好？”

老公也开始醒转过来，他立马表示我们的目标是一致的，安全也很重要，他愿意在尝试好玩的同时，多多考虑安全因素。

于是，当我们清楚目标是一致的时候，用新的视角——“是的……

而且……”来讨论问题，矛盾就立刻消弭于无形。

这个道理在一则寓言故事中，也体现得非常生动，说明新的视角会决定新的解决方案和新的人际关系。

一位基督徒临终后想见见天堂与地狱究竟有何差异。于是，天使就先带他到地狱去参观。

到了地狱，这个基督徒看到一张很大的餐桌，桌上摆满了丰盛的佳肴。他心想：地狱的生活看起来还不错嘛。

天使说：先不用急，再继续看下去。

过了一会儿，用餐的时间到了，只见一群骨瘦如柴的饿鬼入座。每个人手上拿着一把长十几尺的勺子。可是由于勺子实在是太长了，最后每个人都吃不到。

天使对这个基督徒说：我再带你到天堂看看。

到了天堂，同样的情景，同样的满桌佳肴，每个人同样用一把长十几尺的勺子。不同的是，围着餐桌吃饭的人们，他们都在用长十几尺的勺子喂对面的人吃饭，而对方也用同样长的勺子喂他们吃饭。因此，每个人都吃得很愉快。

其实，**很多时候，天堂和地狱只在一念之间。从自己出发，非此即彼的思维就是地狱。**

改变也很简单，只要稍微改变一下我们习以为常用勺子的方式而已。沟通的时候，放下非此即彼的思维，而是说“是的，你是对的……而且……会不会更好？”

## 从高纬度思考，直达问题的本质

如果去到系统不同层级上看问题，结果也是大为不同。

日本著名数学家广中平佑先生说：“看似复杂的现象，其实不过是简单的投影。通过三维的观点来观察二维的问题，就可以导出简单明快的答案。”

比如，在一个没有红绿灯的十字路口，当车辆从四个方向涌进来时，进退不得，容易引起交通大混乱，而且混乱的问题得不到解决。这是因为想在平面交叉的世界中求解。

如果加上“高度”这个因素，即加入立体的视角来看，将会怎样呢？这个十字路口如果不是平面交叉，而是立体交叉，即使没有红绿灯，汽车也可以顺畅通过，那会怎么样？

**把思维提高一个观察角度，重新来看待问题，结果会是大不同。**

有时候，不同层级思维的人，甚至无法顺畅沟通。生活中，很多人认知和见识的层次不同，他们实际上生活在不同的维度。

就像庄子所说：“夏虫不可以语冰”，因为夏天的虫子活不过秋天，更没有见过冬天。对它讲冬天的冰是怎样的时候，它会反问：“世上哪有冬天？我怎么没见过？”

思维也有层级，从高纬看低纬的问题，解决问题就会简单明了。

NLP领域的大师罗伯特·迪尔茨把人的逻辑思维分为6个层次，形成一个被称为“逻辑层次”的思维分析工具（如图11–1所示）。

他认为，逻辑层次从下到上分别为：环境层、行为层、能力层、信念/价值观层、身份层与愿景层。**低一层的问题只有运用更高层级的思维才能解决。**

不同的层次，有不同的思维模式和关注点。如果有一种思维层级，能让我们在职场思考中更直达问题本质，你愿不愿意尝试一下？

举个例子。

小李在公司多次因为写报告质量不过关被批评，如果停留第一层思维，即环境层，小李会归因外部环境，认为都是因为那个时候别的部门给的材料数据不够。

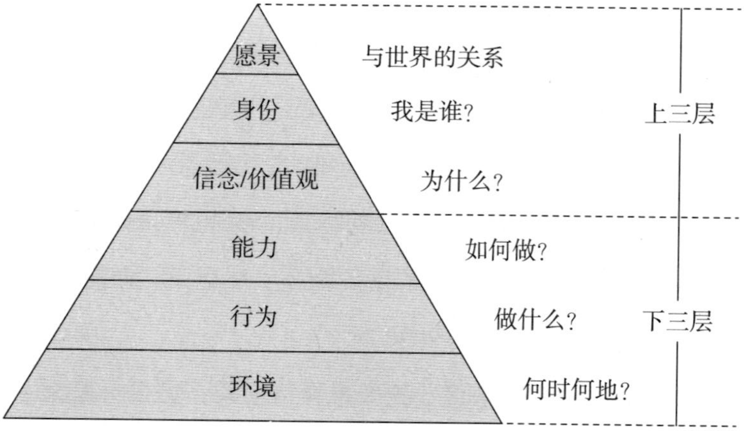


**图11-1 逻辑层次的6层关系**

环境层思维总是认为问题的出现都是别人的错或者环境不好，应对模式是“抱怨”。

但抱怨不能解决问题，必须要思考做什么才能改进，小李的思维就会自然上升到行为层：做什么行动才能改变？

这一层关注于行为，认为问题的出现是因为自己做得不够，其主要的应对模式是“行动、行动、再行动”。

但是，仅仅有行动还是不行的。因为很多时候，反思的问题原因也许是表象的，或者是错误的，方向就可能产生偏差，导致越行动，错得越多。

当小李认识到自己写报告的能力不足，反复地写并不能解决问题的时候，他还需要走上一个更高的思维层次来解决问题，就是去到能力层。他需要思考提升什么能力才能把报告写好。当小李回答了这个问题后，才能解决写报告的问题。

也有可能小李经过很多培训学习以后，发现还是不能写好报告，有可能是自己的能力和岗位不匹配，自己根本不适合写报告。这就要去到第四层，即信念/价值观层。这一层关注做正确选择的价值判断。

比如，小李适不适合这个岗位？写报告对他来说是“对的事情”吗？在这个岗位上，他能发挥什么价值？如果不写报告，去做别的工作，是不是会更有价值？等等。

回答这些问题，就要去更上一层，即身份层，思考他是谁？他是一个什么样的人？

甚至去到第六层，即愿景层，思考他希望在公司里面贡献什么？他的职业愿景是什么？

由此可见，**从逻辑层级的高层级激励，可以令一个人更好地产生行动自驱力。**

很多父母都发愁如何教育孩子做家务。这里，我分享一个故事，通过逻辑层级的高层次激励，推动我儿子成为家里的“CEO”（Chief Egg Officer，首席煎蛋官）。

我儿子8岁的时候，爱上了吃我做的荷包蛋，尤其喜欢荷包蛋煎到7分熟，里面黄澄澄的蛋黄有些凝固又有些流动的状态，而白色的蛋白一面略焦一面全白。

具体的做法，就是在大火热油时，下蛋入锅，转大火为小火，再等到蛋底部凝固可以轻微移动的时候，彻底打到小火，在中间蛋黄还是圆鼓鼓的状态、没有瘪下去之前，关火出锅。整个过程中，火候是最重要的。

我想训练他自己做荷包蛋，但尝试过几次以后，他不是把蛋煎碎了，就是把蛋煎黑了。

有一次，他直接告诉我：“妈妈，我不行。煎蛋太难了！以后早上还是你来煎蛋！”

这句话让我意识到，孩子直接在能力层否定自己。如果在下三层的环境和行为上，反复逼迫他练习煎蛋的话，他肯定要撂挑子。

于是，我尝试从上三层开始引导他。

我对他说：“儿子，爸爸妈妈工作挺累的。你能做早饭煎荷包蛋，对我们来说是特别棒的支持。我们特别需要你的支持！”

当我在对父母的价值层面肯定他的时候，儿子听完这话，立刻说：“那好吧，我试试看。”他又开始重新学习煎荷包蛋。

在这个过程中，我鼓励他说：“只管学，可以有各种尝试。无论煎出来什么样的荷包蛋，爸妈都爱！妈妈相信你肯定能办得到！”

其间我和他爸吃过咸得发齁的、酱油放多发黑的、焦得过火的各种荷包蛋，直到有一天，他做出理想的荷包蛋，甚至创造性地同时在煎锅里面煎三个荷包蛋。

记得那一天，儿子得意地跑来向我们炫耀说：“妈妈，看！我一口气放了三个鸡蛋，煎出来的这三个蛋，象征着我们仨是相亲相爱的一家人。我叫它三连煎！”

我当时就感动坏了。我清楚地记得，我给了他一个大大的拥抱，然后骄傲地说：“儿子，你成长了！成为我们家的‘CEO’了（Chief Egg Officer，首席煎蛋官）（从身份层给予肯定）。以后爸妈想吃荷包蛋就交给你了，你给我们带来了特别有爱的早餐（从价值层肯定），爸妈感谢你！你真是一个懂事的娃！（再次从身份层给予肯定）。”

从此，我家的小小“CEO”动力十足。不光是煎荷包蛋，但凡与蛋相关的菜，如番茄炒蛋、蛋炒饭，就连高难度的虎皮蛋烧肉也开始尝试，并且乐此不疲。

创造的动力来自哪里？正是这样一份爱和相信传递出的能量让人不

断去创造。

持久的动力来自哪里？正是从这样一份来自对创造的价值、成为什么样的人的追求中被激发出来的。

如果有一种高层思维能激发动力，让家长在培养孩子的行为习惯时更加轻松，我们愿不愿意尝试一下？

## 如何能在工作和生活中做到系统思维？

**启发性提问就像一把钥匙，可以打开系统性思维这把锁。**

我们常常遇见一些二元对立选择，不是这样就是那样，不是X就是非X。比如：

- 跳槽选择：决定跳槽了，我应该趁跳槽旺季，裸辞专心找工作，还是继续“骑驴找马”，效率低但更稳妥？
- 城市选择：大学毕业是留在大城市发展好？还是回家乡附近的小城市好？
- 创业选择：朋友有一个不错的项目，邀请我一起创业，我该放弃眼前大公司的稳定高薪职位吗？
- 方案选择：领导交办的第一件任务，应该尽量有新意，给领导留下深刻的印象；还是稳妥一点，摸清领导的喜好再出手？

典型的零和思维，要么没有，要么全有，选择以两种截然不同的方式体现出来。一方的胜利就是另一方的失败。

爱因斯坦说过，如果不改变我们已有的思维模式，那么我们将无法解决这些思维模式所带来的问题。如果不改变，我们无法搭建一个善意的世界。

**系统性思维可以帮助我们跳出二元对立的思维，多维度看待问题，**

**看到相反倾向的互补关系，在无法调和的部分之上找寻更高的意义，创造可运行的整体。**

提出不能预设答案的开放性提问，有可能打开思考的新角度，获得新的启发。在启发性的提问过程中，留意我们内心的对话、思维的聚焦，以及因为系统思维而发展出的新东西。总之，一个好问题胜过无数个好答案。

如何引发系统性思维，只需要提出三个关键问题：

（1）我们要做的决策会给自己带来什么价值？

（2）做出决策之后，我们背后想要的更重要的是什么？

（3）通过实现背后的意图，我们会给周围的人带来什么价值？

然后依循逻辑层次向上探索，找到可以融合的、更有层次的价值点。

当意识上升的时候，就意味着我们已经在扩展、在改变、在成为不一样的自己。在思维的一念之间，世界会变得更友好、更清晰、更和谐。

## 成长百宝箱

**两大类提问：好问题胜过好答案**

**一、换位思考提问**

**什么时候问最合适：**

相信每个人都喜欢这句格言：“希望别人怎么样对待你，那就怎样对待别人。”在工作和生活中，遇到一些不愉快的事情，或者遭受一些自己觉得委屈、棘手，甚至困惑的窘境的时候，不妨换位思考一下。

我们可以这样问：

首先，问问自己，切换到对方的视角去看待问题：

- 如果从对方的眼中看，事情有什么不同？
- 假如我是他，会注意到什么？

其次，积极关注对方需求，询问对方，并且展现支持的态度：

- 如果是我，会怎么做？
- 为什么他觉得那样做是对的？
- 从他的角度，觉得我们之间的合作如何呢？
- 我应该用什么方式才能帮助他达成目标？

## 二、利益相关者提问

在我们的Life.com这家公司，谁是公司的董事会委员会成员？相信重要的人一定是我们的父母、朋友、领导、同事。

我们会想当然地认为和我们一起工作的人一定会了解和尊重我们，也一定会认同我们的价值观和工作方式。同样，我们认为自己在个人生活中，也会得到家人和朋友的认同。

但他们真的了解我们是谁吗？我们需要的支持是什么？

我们可以通过提问，与这些利益相关者建立起亲密无间、激励人心的对话，相信一定会有意想不到的收获。

**什么时候问最合适：**

- 当我们想要知道，最亲近的人——家人、朋友和同事是怎样看待我们和我们要做的事情；
- 当我们试图扫清他们的顾虑，说服他们支持自己。

**我们可以这样问：**

- 作为我的领导（同事、朋友、父母……），如何看待我要做的事情？
- 如果我要做的事情目标实现了，会给对方带来什么价值？
- 用1—10分来评估，对方对我要做的事情的支持度是几分？对方为什么那样想？
- 在我所做的一切中，什么才是至关重要的？

**图书在版编目(CIP)数据**

自我赋能：认知突围的10大思维模式 / 贺华文等著. —北京：中国法制出版社，2021.7

ISBN 978-7-5216-1971-3

Ⅰ.①自… Ⅱ.①贺… Ⅲ.①思维方法 Ⅳ.①B80

中国版本图书馆CIP数据核字(2021)第118384号

策划编辑：马春芳

责任编辑：马春芳　　封面设计：汪要军

**自我赋能：认知突围的10大思维模式**

ZIWO FUNENG：RENZHI TUWEI DE 10 DA SIWEI MOSHI

著者 / 贺华文 等

经销 / 新华书店

印刷 / 三河市紫恒印装有限公司

开本 / 710毫米×1000毫米　16开　　印张 / 16　字数 / 198千

版次 / 2021年7月第1版　　2021年7月第1次印刷

中国法制出版社出版

书号 ISBN 978-7-5216-1971-3　　定价：56.00元

北京西单横二条2号　邮政编码100031　　传真：010-66031119

**网址：http://www.zgfzs.com**　　**编辑部电话：010-66073673**

**市场营销部电话：010-66033393**　　**邮购部电话：010-66033288**

（如有印装质量问题，请与本社印务部联系调换。电话：010-66032926）